A leitura e seu público no mundo contemporâneo

Ensaios sobre História Cultural

Coleção
HISTÓRIA & HISTORIOGRAFIA

Jean-Yves Mollier

A leitura e seu público no mundo contemporâneo

Ensaios sobre História Cultural

TRADUÇÃO
Elisa Nazarian

autêntica

Título original: "La lecture et ses publics à l'époque contemporaine:
essais d'histoire culturelle", de Jean-Yves Mollier.
2001, Copyright © Presses Universitaires de France

PROJETO GRÁFICO DE CAPA
Teco de Souza

EDITORAÇÃO ELETRÔNICA
Conrado Esteves

REVISÃO
Cecília Martins

REVISÃO TÉCNICA
Vera Chacham

EDITORA RESPONSÁVEL
Rejane Dias

Todos os direitos reservados pela Autêntica Editora.
Nenhuma parte desta publicação poderá ser reproduzida,
seja por meios mecânicos, eletrônicos, seja via cópia
xerográfica sem a autorização prévia da editora.

AUTÊNTICA EDITORA LTDA.
Rua Aimorés, 981, 8º andar. Funcionários
30140-071. Belo Horizonte. MG
Tel: (55 31) 3222 68 19
TELEVENDAS: 0800 283 13 22
www.autenticaeditora.com.br

Dados Internacionais de Catalogação na Publicação (CIP)
(Câmara Brasileira do Livro)

Mollier, Jean-Yves	
A leitura e seu público no mundo contemporâneo : ensaios sobre história cultural / Jean-Yves Mollier ; tradução Elisa Nazarian. -- Belo Horizonte : Autêntica Editora, 2008. -- (Coleção História & Historiografia)	
Título original: La lecture et ses publics à l'èpoque contemporaine: essais d'histoire culturelle	
Bibliografia.	
ISBN 978-85-7526-327-3	
1. Comunicação escrita - Europa - Século 19 - História 2. Cultura popular - Europa - Século 19 - História 3. História cultural 4. Livros e leitura - Europa - Século 19 - História I. Título. II. Série	
08-04662	CDD-306.488094

Índices para catálogo sistemático:
1. Europa : Século 19 : Livros e leitura :
História cultural   306.488094

SUMÁRIO

Introdução 7

PRIMEIRA PARTE
LITERATURA INDUSTRIAL OU LITERATURA POPULAR?

Capítulo I – O papel da literatura popular no
desenvolvimento das editoras parisienses do século XIX 19

SEGUNDA PARTE
A INATINGÍVEL BIBLIOTECA DO POVO

Capítulo II – O manual escolar e a biblioteca do povo 61

Capítulo III – O folhetim na imprensa
e a livraria francesa no século XIX 83

Capítulo IV – O romance popular na biblioteca do povo 97

TERCEIRA PARTE
COLEÇÕES, BIBLIOTECAS, DICIONÁRIOS E ENCICLOPÉDIAS

Capítulo V – Enciclopédia e comércio
livreiro do século XVIII ao século XX 111

Capítulo VI – Biblioteca de Babel:
coleções, dicionários e enciclopédias 129

Capítulo VII – A difusão do conhecimento
no século XIX, um exercício delicado 141

QUARTA PARTE
CULTURA MIDIÁTICA OU CULTURA DE MASSA?

Capítulo VIII – Literatura e imprensa de rua na *Belle Époque* 159

Capítulo IX – O surgimento da cultura midiática na *Belle
Époque*: a instalação de estruturas de divulgação de massa 175

Conclusão 191

Fontes 197

Referências 199

Introdução

Os nove ensaios aqui reunidos, abordando a leitura e seu público no mundo contemporâneo, da metade do século XVIII ao começo do século XX, testemunham o desenvolvimento da história cultural a partir de pouco mais de um decênio. Focando na expansão da cultura do material impresso na Europa após 1760, eles acompanham os meandros, as reviravoltas e as evoluções que assinalaram a passagem de uma atividade reservada a poucos, as elites por nascimento ou por fortuna, para um lazer compartilhado por um número bem mais vasto. Nesse lento surgimento de uma cultura de massa, em torno de 1850-1880 para a Grã-Bretanha e a França, um pouco mais tarde para seus vizinhos, se abrigam muitas das transformações do mundo em que vivemos. Ao pensar e explicar essas mudanças, nos vem imediatamente à mente a revolução industrial, mas ela não teria tido qualquer serventia se não tivesse sido precedida ou acompanhada pela revolução escolar, a alfabetização definitiva – pelo menos é o que se acreditava – de todos os cidadãos. A questão do sufrágio universal – 1848 na França – está, de fato, subjacente a essas perturbações das sociedades tradicionais, para o que contribuiu, em grande parte, o desenvolvimento da imprensa.

A progressão da leitura – dos periódicos, dos manuais escolares e dos romances – não é algo evidente nos países de cultura católica. Em terras protestantes as coisas não ocorreram, necessariamente, de forma mais simples nem mais bonita, mas a alfabetização da Grã-Bretanha, da Prússia e da Europa do Norte antecipou a da França. Quanto à Itália e à Península Ibérica, sabe-se que suas populações só aprenderam a ler no século XX. Sem dúvida, a Reforma e sua propagação no continente europeu desempenharam um papel positivo na adaptação do livro à vida cotidiana das massas. Por muito tempo, a Bíblia foi o único alimento dos lares mais humildes, mas, por toda parte, a leitura intensiva – a mesma obra relida a cada dia – precedeu a leitura extensiva – aquela que lança mão de tudo o que existe e que ressoa –, na Alemanha e na França, como um furor ou uma ânsia de ler que assustam os públicos nobres ou burgueses. É que ainda que a leitura seja aceita por acelerar a propagação de uma religião ou de conceitos morais, não o é mais tão facilmente ao permitir todas as divagações do espírito ou as fantasias mais desenfreadas. Ora, essa liberdade concedida em todos os tempos à literatura pelas camadas mais cultivadas da população torna-se assustadora quando se dirige a "esta classe numerosa de leitores que se chama todo mundo", como escreveu Pierre Larousse (1864-1876).

Seria preciso mais de um século para que a cultura de massa, entrevista pelos redatores de *L'Encyclopédie*, Diderot e D'Alembert, se instalasse na França, e três reformas escolares – as de Guizot, Duruy e Ferry – seriam implementadas, para que isso se tornasse possível. Assim sendo, os primeiros *best-sellers* da história mundial, excetuando-se a Bíblia entre os laureados, foram os manuais escolares destinados à alfabetização geral. Nos Estados Unidos, com os livros escritos por Noah Webster, na Grã-Bretanha, com os de Thomas Nelson, assim como na França, com os volumes lançados pelas livrarias Hachette, Larousse e Armand Colin, eles se propagaram em dezenas de milhões de exemplares entre a massa de leitores e penetraram em suas casas. Com o jornal, que introduziu o romance-folhetim em sua primeira página a partir dos anos 1836-1839, e depois o jornal popular a um centavo – como *Le Petit Journal* de 1863 – e as revistas dos anos 1850-1860, estabeleceram-se as bases materiais de uma leitura de massa. Não faltou muito para que, com as coleções de romances a preços baixos, espalhadas pelas estações de trem e no campo, com o desenvolvimento das ferrovias, os germes de uma cultura midiática fossem definitivamente semeados. No entanto, outras obras desempenharam um papel nesse movimento: os livros de divulgação científica e, entre eles, em incontestável primeiro lugar, os dicionários e as enciclopédias, essas bibliotecas portáteis contendo todo o conhecimento do mundo, que tiveram seu momento de glória no século XIX.

Vê-se que a história cultural não poderia se privar da história social, da qual ela se nutre para explicar os comportamentos, as representações dos homens e suas maneiras de interpretar o mundo. É por esse motivo que estes estudos concedem tanto espaço aos arquivos públicos ou privados, às séries estatísticas ou às oscilações de preços do livro, os verdadeiros artesãos da leitura geral, quando permanentemente dirigidos para baixo. Sem esse esforço gigantesco que fez cair o preço médio do exemplar de entretenimento de 15 F para 1 F, entre 1838 e 1853-55, na França, jamais a leitura teria podido atingir novas camadas tão rapidamente. Se considerarmos que em 1905 o livro a 13 *sous*[1] – 0,65 F – se impôs às séries de grande público com tiragens, de início, de 100 mil exemplares, vemos as mudanças profundas na paisagem. Antes de 1838, o livro mantinha-se raro e caro, enquanto que, no início do século XX, passou a entrar em todos os lares – pelo menos tendencialmente. Em menos de setenta anos, graças à revolução nas estruturas escolares, à revolução da democracia, que afirmava a informação do cidadão, e à revolução que despertou o sistema editorial, dividindo o preço do livro por vinte, uma batalha foi ganha, a da aculturação de massas aos princípios que regem a galáxia Gutenberg.

Organizado em quatro seções, este volume se abre para uma questão delicada: com a aparição do romance-folhetim, assiste-se ao aparecimento de uma "literatura industrial", como escreveram Sainte-Beuve (1839) e Lise Dumasy (1999), ou ao triunfo de uma "literatura popular", simbolizada por Alexandre Dumas pai, o homem para quem o editor Michel Lévy lançou, em 1846, uma coleção de livros a dois francos e que profetizou de imediato a morte do "folhetim costurado à mão"?[2] Para responder a isto, é preciso que penetremos nessa França da Monarquia de Julho, onde os detratores de Dumas, o homem de letras mais célebre de seu tempo, o acusam de ter inventado o "folhetim a vapor", e que acompanhemos as mudanças

---

[1] Um *sous* equivalia à vigésima parte do franco ou cinco centavos. (N.T.).
[2] Ver cap. I.

até os anos 1900-1905, quando aparece a literatura em série, concebida para centenas de milhares de leitores. Que o livro seja popular mais por destinação do que por sua natureza não afeta em nada os dados do problema: o povo adentra à frente da cena, cultural mas também política e social, e seus leitores, as molduras de sua conceitualização do universo, merecem estudo. Como uma conseqüência lógica, a segunda parte do livro se ocupa, portanto, da inatingível e misteriosa biblioteca do povo, sonhada ou imaginada por todos aqueles que pretendiam conduzir as massas para o progresso ou a disciplina de costumes. Três estudos se encarregam dessa questão. O primeiro se ocupa do desenvolvimento extraordinário da edição escolar, após 1865. O livro da sala de aula foi o primeiro componente das bibliotecas familiares, tanto no campo como na cidade, e unificou, ou ao menos tendeu a homogeneizar as visões dos franceses da *Belle Époque*. Com essa autêntica mas silenciosa revolução cultural, a França realizava a metamorfose que a preparava para a entrada no século XX. Paralelamente a esta evolução, aquela que descobriu o romance-folhetim justificava um capítulo à parte, que precede, por sua vez, as exposições voltadas ao romance popular, gênero que fez correr tanta tinta quanto se a França tivesse sido a vítima de uma nova coalizão européia. Da emenda Riancey, votada em 1850 – um imposto sobre o romance! –, à publicação, em 1904, do *Romans à lire et romans à proscrire*, do Abade Bethléem, as autoridades não deixaram de enquadrar, quando não de proibir, as leituras do povo. Vindos da direita do cenário político, mas às vezes também da esquerda, que temia uma possível "alienação" do proletariado por meio dos romances de aventuras ou sentimentais, foram inúmeros os ataques contra esse flagelo do mundo moderno. Em grande parte, as invectivas mais recentes contra o cinema, a televisão ou o computador e os jogos de vídeo lançam mão dos mesmos argumentos, o que torna a releitura dessas diatribes ou dessas polêmicas mais atual do que poderíamos pensar.

No segmento dedicado às coleções, às bibliotecas, aos dicionários e às enciclopédias, surge uma nova questão. Esta se ocupa mais das bases do saber popular, entendendo-se o termo, ainda aqui, em seu sentido mais amplo. A superstição, a magia, a alquimia, a premonição e a previsão dominaram por muito tempo o universo das populações rurais (LÜSSEBRINK; MIX; MOLLIER, 2001). Todavia, a partir de meados do Século das Luzes, difundiu-se sobre toda a extensão do continente europeu um *Dictionnarie raisonné des sciences et des arts*, fadado não apenas a se tornar um *best-seller* do gênero enciclopédico, mas, o que é mais determinante, a revolucionar a transmissão do conhecimento. Matriz de inúmeros dicionários e enciclopédias que iriam se espalhar pelo século XIX, o famoso "século dos dicionários",[3] a obra de Diderot permaneceria o paradigma de todas as iniciativas desse tipo durante duzentos anos. Fundamental nesse aspecto, ela era a principal referência aos olhos do republicano Pierre Larousse, que justificava seu projeto explicando que a revisão da série se tornara indispensável em função da Revolução de 1789, e não de seu próprio envelhecimento. Do mesmo modo, Marcelin Berthelot, sob a 3ª República, tentaria se situar em relação a esses projetos intelectuais para convencer os leitores a comprar os 31 tomos sucessivos da *Grande Encyclopédie*. Entrando, portanto, na espiral das grandes construções capitalistas que iriam, a partir de então, balizar o caminho dos dicionários – a edição ilustrada do *Petit Larousse*, revisada para a ocasião, vendeu em 2000 mais de um milhão de exemplares, realizando um montante de negócios em torno de 250 milhões de francos –, o gênero iria, progressivamente, se adaptar à era das massas.

Assim como o dicionário, obra coletiva que esconde sua identidade sob aquela, aparente mas insidiosa, de um autor em carne e osso, o manual escolar pertence a um universo regido, desde os anos de 1830, pela mais rigorosa racionalidade econômica. Campo preferido das políticas editoriais que nele aprendem as regras elementares daquilo que seria, mais tarde, chamado de *marketing*, o livro de classe, destinado a um número muito maior de leitores, viveu no século XIX uma verdadeira fase dourada. Ele atingiu recordes – 26 milhões de exemplares para a *Grammaire* de Larive e Fleury ou a *Géographie* de Pierre Foncin em 1920 –; podemos nos perguntar então se ele não teria se tornado a Bíblia laica das populações descristianizadas e entrado sem problemas num mundo livre da autoridade da Igreja.

[3] Ver cap. V.

Embora não estivesse, de modo algum, sujeito às imposições dos anticlericais, o "mestre de educação" da Belle Époque[4] evitava atacar de frente as crenças dos franceses de então. Seu sucesso comercial residia, na verdade, em sua capacidade de reunir, e não de dividir, o que explica, fundamentalmente, o extraordinário desempenho do *Tour de la France par deux enfants*, livro escolar concebido, de início, para as crianças da escola particular, e não para os alunos da escola "laica", como se prefere repetir, sem provas. Redigido magistralmente por uma mulher determinada, Madame Fouillée, e uma autora talentosa da empresa católica dirigida pela viúva Eugène Belin, o livrinho de leitura corrente e de educação cívica devia conquistar os espíritos das duas Franças e, dessa maneira, fazê-las comungar no mesmo amor pela pátria, vencida em Sedan, em 1870, martirizada pela separação das duas órfãs – Alsácia e Lorena –, e preparar a inevitável desforra.

Século dos dicionários e das enciclopédias, religiosas ou, ao contrário, laicas e republicanas, a época das revoluções foi também a da multiplicação das coleções de livros. Quer se tratasse de romances, de livros práticos, de guias de viagens, quer se tratasse de brindes, os volumes deveriam, a partir de então, se integrar a séries mais amplas e suscetíveis de se reproduzir ao infinito. Chamadas ainda freqüentemente de "bibliotecas", a exemplo da célebre Bibliothèque rose illustrée, na qual reinava a Condessa de Ségur, essas coleções encontraram no volume de pequeno formato – o in-18[5] – ou ainda de "formato portátil", o meio de conquistar todos os públicos, seduzidos igualmente pelo baixo preço dessas obras, suas capas uniformes e suas versões padronizadas, portanto familiares e reconhecíveis à distância, bem adequadas às modestas proporções das moradias do século XIX. Pode-se, aliás, dizer o mesmo das séries destinadas à divulgação do saber, outro grande interesse da época, e, da Bibliothèque utile à Bibliothèque des merveilles ou à Bibliothèque nationale, todos os editores se empenharam no mercado da divulgação do conhecimento e do saber prazeroso. Todos eles reconheceram a influência velada do comtismo ou do que se chamou de positivismo, com seu culto do

[4] Ver cap. II.
[5] O In-18 tem dimensões de 9x14 cm. (N.E.).

progresso ilimitado das sociedades, mas, pelo que aqui nos concerne, devemos reconhecer suas conseqüências benéficas sobre o desenvolvimento da leitura e a extensão do universo de leitores, a grande conquista daqueles tempos otimistas.

Considerando-se o emaranhando de todos esses elementos, não podemos deixar de nos perguntar se a cultura de massa, geralmente considerada um fenômeno típico do século XX, não teria aparecido bem mais cedo, nos anos de 1880 na França e um pouco antes do outro lado do canal da Mancha. Essa é a idéia que defendemos nestas páginas, ao analisar com precisão a emergência dessa cultura moderna. Temida, ela também, por todos os que se recusavam a aceitar as conseqüências da "era do papel"[6] – o fato de que as populações, ávidas de novidades e de variedades, de informações e de divertimentos, devorassem a cada manhã seu jornal de 1 *sou* –, a visão das massas passou a ser um desafio maior na *Belle Époque*. Ligas e associações de extrema direita tentaram instrumentalizar as representações populares e levá-las a servir às suas ambições demagógicas ou mesmo facciosas. O caso Dreyfus confirmou isso plenamente, mas o boulangismo servira de banco de ensaio, e a revelação de cada novo escândalo era passível de ser utilizada da mesma maneira. A literatura e a imprensa populares não davam grande importância à grande literatura nem às boas maneiras, mas sua eficiência era temível, o que justifica sua presença na quarta parte deste livro, consagrada à cultura de massa e à cultura midiática, cujas premissas estão em plena eclosão no decênio de 1880.

Além de uma oportunidade para um apanhado recente das condições de desenvolvimento de uma verdadeira cultura de massa, estas páginas permitem, também, que se discuta aquilo que do outro lado do Atlântico se prefere chamar de uma cultura própria ao domínio das mídias. Pressupondo atividades de lazer e um mercado fortemente estruturado, adaptado ao consumo de massa, essa cultura é indispensável à produção de coleções de livros vendidos em grande escala ou de periódicos com tiragens diárias de mais de um milhão

---

[6] Félix Vallonton representa assim a sua época no desenho que cede ao *Cri du peuple* de 23 de janeiro de 1898, em referência ao *J'accuse* de Zola, publicado em 13 de janeiro do mesmo ano no *L'Aurore*.

de exemplares. Fonte de evidente homogeneização das representações sociais – o que não significa uma improvável unificação dos universos mentais –, essa cultura combate a atomização dos indivíduos, favorecida, no entanto, pelo êxodo rural, a urbanização acelerada ou pelo maquinismo e pela descristianização. Para resistir à anomia, como a descreverão os sociólogos discípulos de Durkheim em torno de 1900, o homem deve descobrir pontos de referência, tanto espaciais quanto temporais, que lhe possibilitem a comunicação com seus contemporâneos e até mesmo a comunhão com suas grandes emoções, patrióticas, nacionalistas ou chauvinistas, segundo o caso. No desfilar de *fait divers*[7] criminais, apresentados pela imprensa popular (KALIFA, 1995), este homem certamente encontra motivos para temer o futuro e recear as proezas dos Mandrin modernos, os "apaches" da *Belle Époque*, mas tem, também, acesso a dados que lhe permitem discutir com seus vizinhos, na oficina, no café ou no estádio, e é isso o que importa para compreender o desenvolvimento dessa cultura que a televisão de massa, mais tarde, aproximou de nossas preocupações (RIOUX; SIRINELLI, 2001).

Em nossa época, em que conhecemos os efeitos desastrosos do iletrismo nos países ricos e vemos o analfabetismo continuar a crescer nos países pobres, a questão do desenvolvimento da leitura se apresenta, novamente, de forma incisiva. Há quem acredite que o computador não elimina o livro, enquanto outros acreditam que os jovens não se afastam dessa forma de lazer (MOLLIER, 2000b), o que tende a tornar as discussões do passado muito mais próximas de nossa sensibilidade. O que estes ensaios de história cultural procuram mostrar, sobretudo, é que tanto no passado como atualmente a leitura não é uma atividade que acontece por si. Instrumento a serviço dos poderosos durante séculos, e mesmo por três mil anos na maior parte dos continentes (MICHON; MOLLIER, 2001), a escrita, impressa ou não, atrai ou repele, mas não deixa ninguém indiferente. Para conseguir familiaridade com o livro e penetrar em seu interior, as populações européias precisaram não apenas aprender a ler, mas admitir que

---

[7] Em francês, *fait divers* refere-se à seção no jornal em que são narrados fatos cotidianos, apenas com expressão local, dizendo respeito sobretudo a crimes, acidentes, etc.

essa mídia lhes trazia algo de útil ou agradável. Os primeiros impressos a penetrar no interior dos lares tiveram de combater as idéias estabelecidas, os princípios elementares da economia doméstica que excluíam tudo aquilo que não fosse imediatamente essencial à sobrevivência do grupo. Voltado, de início, para os homens, o jornal foi, pouco a pouco, conquistando as graças do segundo sexo, ao lhe apresentar ou lhe reservar seu folhetim literário. Sob esse ponto de vista, a história do folhetim costurado a mão trata das relações sociais de gênero, mesmo que elas não sejam especificamente tratadas aqui.

A mulher, assim como a criança e o povo, foi uma das maiores vítimas de sujeição no século XIX. A aceitação da idéia de que todas as crianças do sexo masculino deveriam freqüentar a escola primária foi revolucionária, como também o foi a admissão da mulher no banquete da civilização. Quanto à entrada do povo nas bibliotecas ou nos círculos de sociabilidade com intenção lúdica, foi uma terceira revolução a ser imaginada e compartilhada por cada um. Vista assim, sob o prisma da evolução das sociedades européias, a história da leitura e de seu público permite, então, retomar as mudanças que serviram de base ao mundo moderno e que o levaram, em menos de dois séculos, a alfabetizar o essencial das populações do continente e a fazer do livro um elemento de decoração interior. Sem pretender abordar todas as questões que implicam essa mudança de espírito, este livro terá sido útil se permitir uma visão menos limitadora dessas discussões e se permitir que se repense a leitura como uma conquista permanente sobre o imediatismo.

PRIMEIRA PARTE

LITERATURA INDUSTRIAL OU LITERATURA POPULAR?

CAPÍTULO I

O papel da literatura popular no desenvolvimento das editoras parisienses no século XIX

Usadas de forma empírica por dezenas de anos, as noções de cultura popular, de leitura popular e, mais ainda, de literatura popular assemelham-se hoje ao monstro do lago Ness. Quanto mais se fala no assunto, menos se tem a chance de percebê-lo. Fluidas como o mercúrio, correm por entre os dedos quando tentamos pegá-las. A partir da pesquisa coletiva de 1965, intitulada *Livre et société*, a publicação de *La Bibliothèque bleue* em 1971, os trabalhos de Robert Mandrou e os de Noë Richter[1] permitiram definir, ao menos negativamente, o que não é popular quando se fala, lê ou escreve. *Le Peuple par écrit*, em 1986, e as compilações coletivas organizadas por Roger Chartier, *Lectures et lecteurs dans la France d'Ancien Régime* (BOLLÈME, 1986; CHARTIER, 1987a) por exemplo, tendem a recusar a partir de então o próprio conceito de cultura popular. De qualquer modo, eles se opõem à visão clássica, segundo a qual os níveis sociais determinariam os níveis da cultura. Se o mesmo livro que circula em determinada sociedade, em determinada época, é apropriado de forma diferente por seus consumidores, não é menos verdade que as elites sociais são impelidas, permanentemente, por uma preocupação em remodelar o comportamento do maior número de pessoas segundo seus próprios modelos culturais (CHARTIER, 1987a).

Sem dúvida alguma, Roger Chartier teve o grande mérito de provar que a *littérature bleue* de Troyes destinara-se, primeiramente,

---

[1] FURET, 1965-1970; BOLLÈME, 1971; MANDROU, 1964; RICHTER, 1981.

a um uso citadino, tendo chegado ao campo apenas a partir do século XVIII. Longe de ter sido concebida para uma população rural, ou de se apoiar em uma necessidade inerente aos camponeses da antiga França, essa literatura, de uso coletivo, se destinava, primeiramente, a um mundo semi-letrado, antes de propagar, fora dos povoados e das cidades, as vidas dos santos, histórias de cavalaria e narrativas burlescas, que fariam a felicidade dos ouvintes mais do que dos leitores privados. No entanto, uma vez que as práticas culturais e sociais são diversas, o mesmo material conhecerá uma pluralidade de usos, problema que teremos ocasião de abordar, estudando o desenvolvimento, no século XIX, do romance-folhetim e uma de suas conseqüências imprevistas, a fraca difusão do livro a preço baixo, uma vez que, tanto na cidade quanto no campo, a dona de casa preferia o folhetim costurado à mão.

Dos cartazes políticos, analisados por Christian Jouhaud (CHARTIER, 1987b, cap. IX) e concebidos como populares, no sentido em que sua associação com a idéia de clandestinidade seduzia mais o homem de rua do que o letrado, aos jornais populares que floresceram durante a Revolução, parece ter se estabelecido uma relação de continuidade. Ainda mais nítida sob a Monarquia de Julho, essa orientação de gostos do público levou os pensadores sociais ou os republicanos atuantes a criar uma verdadeira imprensa popular e, em pouco tempo, operária. O *Le Musée des familles*, de Girardin, o *Le Magasin pittoresque* de Édouard Charton se inserem nessa corrente e precedem as folhas mais deliberadamente políticas, como *Le Peuple*, de Proudhon, *La Réforme* e tantas outras (GOSSEZ, 1966). Sabe-se que, após haver participado de um período de entusiasmo ou ilusão lírica da primavera dos povos, Baudelaire se recuperou redigindo um pequeno poema em prosa de humor corrosivo, mas de título provocador – *Assommons les pauvres* –, no qual ele se divertia – ou deliciava – com a reação de um malandro que, atacado sem motivo aparente, se revoltava de um ímpeto, lhe esmurrava os dois olhos e lhe quebrava quatro dentes, antes de recobrar "orgulho e vida" (BAUDELAIRE, 1975-1976).

Objeto de cobiça ou sujeito a se vestir, educar, normalizar, canalizar, civilizar, o proletariado sai da escuridão no século passado.

Selvagem ou bárbaro, criança ou eterno minerador, ele se descobre objeto de proposição de múltiplas formas de aculturação antes de se exprimir por si próprio. Associações de caridade e cristãs, ou de resistência e de ação, montam, em sua intenção, suas redes de instituições entre 1830 e 1860. Escolas, sociedades diversas e bibliotecas unem seus esforços, provocando uma demanda de livros que os editores tentarão satisfazer, adaptando a esse novo público as formas mais antigas do material impresso. Superdeterminado, repleto de equívocos, sujeito aos usos, abusos e mudanças de todo tipo, como foi observado por Jacques Derrida ao abrir os trabalhos do colóquio dedicado aos *Savoirs populaires* em 1984 (BEAUNE *et al.*, 1985), o qualificativo tornado substantivo continua a nos interpelar. Uma *Revue du roman populaire*, surgida na universidade de Saint-Etienne durante o inverno de 1988, tomou como emblema ou símbolo o *Tapis franc* (1988), que, no século XIX, nada mais era do que um cabaré da mais baixa categoria, refúgio dos Thénardier e assassinos, amantes de bebidas baratas. Ali, a ogra substituía a mãe dos companheiros do *Tour de France* e marcava a passagem de uma civilização a outra, a das corporações do Antigo Regime à industrialização selvagem.

Charles Grivel publicou, com destaque, entre essas primeiras contribuições consagradas a Elie Berthet, Paul Féval e Léo Taxil, algumas "Réflexions" de aspecto banal, mas bastante sugestivas para o historiador do livro. Em seu texto (TAPIS FRANC, 1988, p. 6) afirma que populares são os volumes que não "representam" seu consumidor, e compara *Madame Bovary*, obra sobre a qual todo futuro leitor sabe, *a priori*, que deverá levá-lo a um estado de graça, e "o 84º volume assinado Cartland, o 202º Kenny, o Dupont, o Dupuis da vala comum". Parece-nos que aqui se define a posição que a edição contemporânea e a escola tomam quanto aos gêneros literários constituídos para públicos determinados com o maior cuidado. Na Hachette, "Harlequin" se destaca claramente das séries clássicas, e as próprias redes de distribuidores, na maior parte dos casos, não se sobrepõem. Com tiragens de dezenas de milhares de exemplares, após ter sido preparado no computador, o romance rosa da era da informática é encaminhado aos quiosques das estações, às lojas de fumo e bebidas, às mercearias e armazéns ou aos bazares de bairro, bem mais do que colocados naquilo que se convencionou chamar "livrarias". Não inteiramente nova, essa configuração de lugares de apresentação do livro surgiu na metade do século XIX, assim que a venda ambulante arrefeceu, os nômades cedendo suas funções e seus lugares aos sedentários do burgo rural, esses vendedores que receberão de mais bom grado o jornal do que o livro, a brochura grosseira do que o volume encadernado.

Ora, *Madame Bovary* foi um sucesso nas livrarias em 1857, talvez por sua publicação prévia truncada na *Revue de Paris* e pelo processo por atentado aos bons costumes movido contra Flaubert, mas também porque seu editor, Michel Lévy, tomou a decisão histórica de incluir a escandalosa obra em sua nova coleção a um franco. Lançada como um produto padronizado – 6.600 exemplares na primeira tiragem, formato in-18, capas idênticas para toda a série, distribuição sistemática e remessa obrigatória aos clientes habituais, etc. –, a obra-prima não deveria aparecer como um clássico, mas, ao contrário, como obra típica da época, surgida na hora certa ao lado das criações de Lamartine, François Ponsard, George Sand, Delphine de Girardin, Charles de Bernard, Stendhal, Henry Murger, Eugène Scribe, Gérard de Nérval, Louis Reybaud, Alexandre Dumas, Eugène Sue, Émile Souvestre, Alphonse Karr, Joseph Méry, Léon Gozlan, etc.[2] A dicotomia entre livro clássico e livro popular não existia aos olhos do comerciante parisiense, que tinha solidificado sua casa editora no começo do Segundo Império, e que estava convencido de que sua coleção estava qualificada para satisfazer todos os públicos. Sabemos hoje que ele estava enganado, que resistências tenazes e erros de concepção, de reflexão sobre a natureza dos produtos destinados a figurar nessa coleção, iriam modificar seu aspecto alguns anos depois e, portanto, a recepção das obras pelo público. É por isso que nos parece necessário explicar essa criação a partir de seu contexto e precedê-la com um panorama rápido, que permita apreender as grandes linhas de evolução da edição francesa entre 1750 e 1838. A "revolução Charpentier", ocorrida nessa data, as tentativas de edição popular entre 1848 e 1850, com o lançamento, por Pierre-Joseph Bry, de *Veillées littéraires illustrées*,

---

[2] Prefácio à "Collection Michel Lévy", no *Catalogue Michel Lévy frères*, março de 1856, col. do autor.

precederam e orientaram a literatura popular, que se beneficiou com o sucesso da pequena imprensa e do romance-jornal da época. Assim, tentaremos explicar esses movimentos, e os ulteriores, que se esforçam em ligar literatura popular e leitura pública, antes de esboçar um panorama da edição francesa no final do Segundo Império e sob a 3ª República, e isso a fim de mensurar, da maneira mais exata possível, o lugar da literatura popular no mercado estruturado pela edição nacional.

A edição francesa de 1750 a 1838

Se quisermos percorrer em grandes pinceladas a história da edição francesa, como nos propusemos em *L'argent et les lettres*, é lícito realçar certo número de diretrizes. Na segunda metade do século XVIII, ao lado de profissionais como Charles-Joseph Panckoucke em Paris, Joseph Duplain em Lyon ou da Sociedade Tipográfica de Neuchâtel, além das fronteiras do reino, observa-se uma tendência clara já destacando as estratégias semi-suscitadas pela conjuntura, semi-refletidas e impelidas a seu termo lógico. A *Encyclopédie* conhece um destino extraordinário para as condições da época e chama nossa atenção por motivar impressores, livreiros e editores a procurar uma otimização do lucro, multiplicando as vias de acesso do consumidor ao produto desejado. É dessa maneira que podemos analisar a produção de volumes na época, do maior ao menor formato, do in-folio nobre e aristocrático ao in-12 popular, passando pelo quarto, cômodo e manuseável, e o oitavo, logo requisitado a vir substituir, nas fantasias dos bibliófilos, o grande volume das coleções aristocráticas e das mansões senhoriais. A redução das moradias e o aumento do público leitor cruzarão suas rotas no século seguinte e irão impor estratégias editoriais aptas a serem compatíveis com essa tendência objetiva.

A Revolução Francesa conhecerá, no gênero teatral, repercussões que poderíamos associar a esses fenômenos, mas os historiadores políticos, e mesmo os do material impresso, parecem ter se mostrado mais sensíveis ao aumento das brochuras, dos jornais, dos folhetos e dos textos com tendência a divulgadores ideológicos dos acontecimentos, da atualidade, da mobilização das massas, do que à inovação trazida pela escrita dramática que procura um público leitor maior do que o anterior a 1789 (DARNTON, 1983; BONNET, 1988).

No entanto, o libreto teatral produzido no formato in-12 não surgiu da exaltação dos espíritos em favor de uma erradicação do Antigo Regime, e Alain Viala analisou seu desenvolvimento no século XVII (VIALA, 1985). Aqui, a inovação encontra-se na vontade de se realizar pequenas obras a bom preço, com impressão medíocre e cujo custo material permita, *a priori*, esperar atingir as camadas ou categorias sociais que antes não haviam considerado o livro como um elemento passível de mobiliar seu espaço doméstico. Jean-Nicolas Barba, ator do Théâtre de la Cité em 1793, conservará dessa experiência receitas que passará a utilizar e a aperfeiçoar quando se transformar em editor do teatro francês, sob a Monarquia de Julho.

O Império assumiu uma reação bem conhecida no âmbito que nos ocupa, porque o regime das livrarias posto em funcionamento pelo decreto de 5 de fevereiro de 1810 impôs sua eficiência aos governantes durante os setenta anos que lhe sucederam (CHARTIER; MARTIN, 1983-1986). Se a licença desapareceu em 1870, e, com ela, a promessa de fidelidade, os comissários inspetores encarregados de supervisionar o setor só se aposentaram definitivamente em 1877 (PELLETANCHE, 1994). Do ponto de vista do material impresso, foi a chegada ao mercado dos pequenos in-32, em 1811, e a impressão, nesse formato, de centenas de milhares de *Chartes constitutionnelles* no início da Restauração que se mostraram como tentativas pioneiras numa abordagem de tipo popular do público leitor (CHARTIER; MARTIN, 1983-1986, p. 48-49). Longe de serem tentativas surgidas do nada, essas improvisações resultaram de uma adaptação à conjuntura político-policial. Os primeiros periódicos resultantes da reforma do conhecimento, em julho de 1789, tinham, de forma natural, encontrado no formato in-12 um vetor cômodo para partir em busca dos espíritos. A *L'Ami du Peuple*, de Marat, e outras gazetas foram publicadas dessa forma e produziram, por sua vez, material do qual se serviram seus sucessores, inquietos por desenvolver uma atividade capaz de vencer a concorrência. Do in-32, capaz de frustrar as vigilâncias alfandegárias mais sofisticadas, editores como Pierre-Jules Hetzel retiraram vários aspectos ao lançarem suas pequenas coleções, chamadas

"Diamant", pelo editor exilado na Bélgica, após 1851, ou "des voyageurs" ou ainda "chemins de fer", como as denomina Michel Lévy quando houve adaptação à modificação das maneiras de se deslocar. Teremos esquecido um pouco, nesse meio-tempo, que o teatro havia veiculado, ou colocado em moda, esse pequeno formato quando Pierre Joseph Victor Bezou soltava seu "Répertoire du théâtre du Madame" em 1828-1829, e fazia imprimir as peças levadas no Ambigu, com um espaço muito curto entre a representação e a colocação para venda, e isso a fim de atender às expectativas de um público que correspondia cada vez menos aos critérios sociológicos característicos dos espectadores do período anterior.

É, contudo, sob a forma do grande in-oitavo de duas colunas que apareceriam as duas prestigiosas séries teatrais do regime de Louis-Philippe, o *Magasin théâtral* de Marchant e *La France dramatique au XIXe siécle* de Barba, Delloye e Bezou em 1834, antes que a Bibliothéque dramatique de Michel Lévy frères e a Bibliothéque théatrâle de Giraud e Dagneau viessem desarmar as táticas guerreiras dos novos pretendentes à hegemonia comercial sobre um produto concebido para um público específico –, aquele que, a partir de então, motiva o espetáculo em voga nas salas da capital. Michel Lévy, que de início tinha tentado impor sua marca publicando libretos de ópera em in-oitavo, e seus concorrentes, de quem ele resgataria as peças de Gérard Nerval e de George Sand em 1854,[3] aproveitaram a crise de 1846-1848 para se imiscuir em negócios que antes não lhes diziam respeito. O livreiro-editor da rua Vivienne iria se impor nesse setor – a peça de teatro, o libreto de ópera ou de ópera cômica – a partir do fim da Monarquia de Julho, porque soube tomar de seus adversários as porções abandonadas do mercado. Com efeito, utilizando ao máximo seu conhecimento de teatro, que praticou como Barba, seu conhecimento de suas regras e de seus aficionados, ele logo lhe adaptou os ensinamentos da "revolução Charpentier", ou seja, a imposição de um formato antigo, o in-12, reativado pela comercialização, em 1837, de um novo papel, o "grand

---

[3] Sobre o resgate de Giraud et Dagneau, ver MOLLIER, 1992. O in-32 tinha então permitido que se abaixasse consideravelmente o preço dos livros, mas, pequeno demais, foi abandonado pelo lucro do in-12, sem dúvida o melhor formato possível para as condições da época.

Jésus" de Ernest Dupuis (WERDET, 1860; OLIVERO, 1999). Dessa forma nasceu em 1838 a Bibliothéque Charpentier, uma série de volumes "grande in-18 inglês chamado Jesus" que a *Bibliographie de la France*, ao recebê-los do depósito legal, hesitou, por um tempo, em registrar sob esta denominação bárbara, continuando a preferir a medida antiga, antes de aceitar a mudança e de designar doravante esta coleção, como suas imitadoras, sob a nova denominação, a qual logo se reduz para in-18.

Destacando esses importantes traços da evolução material da edição francesa entre 1750 e 1838, deixamos de lado as experiências que, geralmente, a associaram ao livro romântico, ao belo objeto impresso de forma impecável, esplendidamente ilustrado e, eventualmente, encadernado pelos mestres do momento. É que se ele seduz os amantes endinheirados, não tem qualquer chance de encontrar os consumidores menos favorecidos pela sorte, aqueles a quem a Lei Guizot de 28 de junho de 1833 sobre as escolas comunais, ou sua própria sede de saber, ensinou a ler mas não a enriquecer. Quando eles começarem a constituir o embrião de sua biblioteca pessoal, após terem estreado como clientes em um gabinete de leitura, alunos da Associação pela Educação do Povo[4] ou de uma outra dessas amigas da cultura que eclodiram após 1830, escolherão ou o libreto teatral "grande in-18 inglês chamado Jesus" ou o volume dividido em fascículos bi-semanais, porque serão os únicos que terão sido adaptados, condicionados a seu estado de proletários desejosos dos benefícios de uma aculturação niveladora das condições ou de uma cultura capaz de subverter a ordem social. Inovações tecnológicas, práticas profissionais e modificações do pensamento se conjugarão para provocar esse aumento do público leitor, que teve início nos anos 1845-1855 e não parou de crescer até 1914.

A revolução de 1848 constituiu uma reviravolta nessa evolução por reunir os ingredientes da cozinha editorial, anteriormente aceitos como os mais seguros, e projetá-los à frente por um efeito de distorção até então não imaginado. Michel Lévy e seus irmãos se

---

[4] Ver PARENT, 1978, para os gabinetes de leitura; sobre as associações populares, ver, por exemplo, RICHTER, 1978.

sentiram tentados, assim como Pierre-Jules Hetzel e Alexandre Paulin, pela venda de volumes fracionados em fascículos nos anos de 1840, mas enquanto os livreiros da rue de Seine visam uma clientela endinheirada, que consumia os números do *Voyage où ils vous plaira* ou do *Diable à Paris*[5] e do *Français peints par eux-mêmes* de Curmer, seus pequenos seguidores da Rive Droite e do Palais Royal preferiram propor a seus clientes *Les Bagnes, histoire, types, moeurs, mystères*, escrito por Maurice Alhoy (MOLLIER, 1984, p. 80-82). Dois editores especializados na venda a um público o mais amplo possível se associaram a seus esforços: Dutertre, muitas vezes cúmplice de Jacques Pétion e de Michel Lévy fréres quando estavam iniciando, e sobretudo Gustave Havard, que logo reencontraremos.[6] Editada em fascículos ilustrados por Rambert et Rouget, vendida por 50 centavos, essa série popular, no sentido em que o imaginário do leitor é orientado para as zonas mais secretas do inferno social, é logo seguida por *Les Couvents* de Louis Lurine e Alphonse Brot, pela Mallet & Cie,[7] e depois por *Les Jésuites depuis leur origine jusqu'á nos jours, histoire, types, moeurs, mystères* de Antoine Arnould e Charles Desnoyers.[8] Anunciada em 3 de maio de 1845 no "feuilleton" da *Bibliographie de la France*, a obra só foi registrada em setembro no *Journal de l'Imprimerie et de la Librairie*. A principal inovação dessa empreitada está no preço: Dutertre e Michel Lévy abaixaram, de fato, para 30 centavos o valor de venda do fascículo e entregaram a Tony Johannot, Jules David e Janet-Lange as ilustrações e as gravuras (MOLLIER, 1986).

Três anos antes da revolução que pôs fim ao reinado de "Chose", "Cassette", "Harpagon" ou "la poire", a tendência estava na redução do preço de chamada das obras impressas, com suas ilustrações atraentes, reprisadas nos cartazes coloridos distribuídos pelos muros da cidade ou pelas vitrines das livrarias, e em seu escoamento protelado pelo sistema de venda em fascículos (MOLLIER, 1986). Percebe-se

---

[5] Sobre Pierre-Jules Hetzel, ver PARMENIE; LA CHAPELLE, 1953; GAUDON, 1979 e ROBIN, 1988.

[6] Anunciada sob este triplo apadrinhamento, *Les bagnes* aparece na *Bibliographie de la France* em 3 de agosto de 1844 para ser distribuído em 50 fascículos.

[7] *Bibliographie de la France* de 12 de abril de 1845, n. 1.798.

[8] *Bibliographie de la France* de 13 de setembro de 1845, n. 4.576.

nessa mudança que se trata de uma espécie de substituto engenhoso
– por ter melhor preço – à subscrição preparatória para a edição de
um volume que conhecera o Antigo Regime. Se não é possível ir
mais além na definição que pretendíamos a mais elástica para o vocábulo "popular" empregado no campo da edição, percebe-se, no entanto, que essas séries de obras visam os leitores recém-chegados à
soleira do mundo da leitura, pouco educados, ignorantes das delícias da
literatura subversiva do século XVIII, mas preparados, sem dúvida,
para esses primeiros prazeres eróticos e sado-masoquistas pelos melodramas de Pixérécourt e os romances de Pigault-Lebrun, o autor
fetiche de Barba. Às cenas que *Dom Bougne* teria permitido imaginar, uma vez que este porteiro dos Chartreaux escancarava as grades
das abadias dos pobres, elas mesmas substituindo os monastérios dos
ricos reservados aos leitores de *Mémoires de Casanova*,[9] *Les Couvents
et Les Jésuites* acrescentavam outras fantasias, mais políticas, mais conjunturais, mas, ainda assim, reveladoras de um erotismo mal reprimido ou apenas contido. Charles Desnoyers percebeu isso tão bem
que insistiria em convencer seu editor a se apressar no preparo de
uma nova série sanguinolenta e anunciadora de catarses posteriores,
intitulada *Histoire de la Place de Grève* (MOLLIER, 1984, p. 93). As
execuções públicas contemporâneas do governo de Robespierre e
as do período da Restauração tinham se tornado uma atração, encarregadas de satisfazer a violência mal contida de um público a quem
se acabara de suprimir o espetáculo da execução capital no centro de
Paris em 1832, e as brigas sangrentas de animais nas rinhas, em 1833
(AGULHON, 1981).

As etapas posteriores da história da edição, observadas sob o ângulo de um desenvolvimento do consumo de massa, são, ao mesmo
tempo, as mais conhecidas e as menos estudadas pelos pesquisadores.
Certamente os historiadores de literatura, especialmente Claude Pichois, assinalaram, há muito, a invasão, em 1848, de um novo produto sobre o mercado parisiense, o *Les Veillées littéraires illustrées*, que
inventou repentinamente aquilo que se convencionou chamar o "*roman*

---

[9] Publicado pela primeira vez em 1741, Dom Bougne portier des Chartreux, de Gervaise de Latouche, é constantemente reeditado. Les Mémoires de Casanova foi objeto de uma nova edição, anotada, na Bibliothèque de la Pléiade, Paris, Gallimard, 3 v.

à 4 sous",[10] e orientou o gosto dos leitores para a busca de novas emoções. Trataremos à parte desta tentativa promissora assim como da seguinte, a Collection Michel Lévy, que resolveu lançar para o público inúmeros volumes pelo preço mágico de 1 F – 30 F em 2001, ou apenas 4,5 euros –, porque ambas, após um início encorajador, terminariam com um fracasso parcial. No entanto, nenhuma das duas teria chegado a uma coerência interna se, além dos avanços tecnológicos e da tendência à redução do custo do material impresso, não tivessem usufruído de legados indispensáveis a seu amadurecimento. O desenvolvimento da imprensa a preço baixo a partir de 1836 e a introdução do romance folhetim no rodapé do jornal, em 1839-1840, modificaram radicalmente as condições do mercado nacional, uma vez que projetaram de um golpe o gênero romanesco para além de seus limites naturais (GUISE, 1975; THIESSE, 1984; QUEFFÉLEC, 1989). Sabemos que eles provocariam uma outra mudança, fazendo surgir do nada o romance-folhetim e seu narrador, o folhetinista ligado a um jornal, responsável por sua atividade, suas assinaturas e seus recursos publicitários. Marc Martin, especialista em imprensa, destacou a estreita ligação que uniu a pré-publicação fracionada das obras de ficção nas grandes revistas literárias da época, sobretudo a *Revue des Deux-Mondes* e a *Revue de Paris,* e sua passagem à forma pré-fabricada do jornal cotidiano (MARTIN, 1992). A filiação é evidente, o segundo estágio se satisfazendo em picotar ainda mais o romance da moda e aumentar de cinco para cerca de 20 o número de fragmentos que comporiam a obra. A segunda inovação a aparecer no céu da biblioteca parisiense, por volta de 1848-1850, é uma conseqüência disso, pois o periódico composto unicamente de porções de romances completou uma evolução estimulada pelo nascimento do folhetim.

A Revolução Charpentier

Antes de abordarmos essas experiências que se seguiram ao nascimento da 2ª República, é indispensável nos determos nas primeiras mudanças que elas provocaram nos anos 1838-1845. É sabido que a paixão dos leitores pelo romance é anterior a essas datas e que um

---

[10] Um *sou* equivale à vigésima parte do franco ou a cinco centavos. Assim, *"roman à 4 sous"* significa literalmente "romance a 20 centavos".

escritor como Balzac buscou na obra de Walter Scott a maior parte dos elementos que encontramos em suas primeiras experiências literárias. No entanto, as condições materiais sob a Restauração limitaram o público leitor às camadas mais abastadas da burguesia, aptas a adquirir um produto caro – 7,50 F o volume –, e aos freqüentadores das *boutiques à lire*, os gabinetes de leitura estudados por Françoise Parent. Se é verdade que possuímos testemunhos das classes trabalhadoras – diários íntimos, memórias ou lembranças escritas por políticos, atestando certa familiaridade com esse tipo de obra em voga –, devemos também aceitar a idéia de que os contemporâneos da Monarquia de Julho não haviam ainda, de fato, assumido o hábito de entrar em uma livraria no sentido moderno do termo. Como analisar de outra forma esta confidência feita a Michel Lévy em 1855, por Adèle Janin, a mulher do "príncipe da crítica": "Nunca comprei um livro"? (MOLLIER, 1984, p. 252). Raro vislumbre sobre as formas de consumo dos homens do início do século XIX, essa tímida confissão evoca a cada um a diferença de natureza entre a sociedade na qual se vive e aquela que lhe parece, no entanto, próxima por seu frágil distanciamento no tempo. O espectador de teatro do *boulevard* parisiense comprava, sem dúvida, mais facilmente a peça do dia que ele desejava reler e, talvez, decorar para contá-la a seus amigos ou colegas de trabalho do que o romance exposto nas vitrines das lojas da capital. Para ter acesso a este último, ele continuava a gastar alguns centavos na obtenção do direito de levá-lo por alguns dias, ou, mais provavelmente, vinha passar duas ou três horas, no final do dia, próximo ao mestre de leitura, o que reforçava nos editores seus hábitos arcaicos: imprimir a obra em quatro, cinco ou seis volumes, arejar ao máximo a composição e, graças às virtudes surpreendentes da fragmentação e do branqueamento, aumentar seus lucros sem correr o risco de uma tiragem destinada a um público maior (BIED, 1983-1986).

A contrafação belga, revigorada precisamente pela aparição na imprensa diária do romance-folhetim, obrigaria os profissionais a fazer uso da criatividade e inovar para sobreviver. Charpentier foi o primeiro, a partir de 1838, mas não soube ou não quis levar até o fim a revolução que provocou. Ao preferir as obras dos escritores caídos em domínio público às dos escritores contemporâneos, ele, na verdade, abandonava em muito as "novidades", virando as costas a uma necessidade bem percebida por seus concorrentes. Ele se contentava em ter sido um dos primeiros a compreender que um volume antigo, revestido de um novo prefácio, seria passível de chamar a atenção dos leitores de seu tempo. Não sofreu, realmente, por suas experimentações e desenvolveu seu comércio com inteligência, orientando-o para a exportação, mas deixou para outros a tarefa de recolher os benefícios mais importantes de sua revolução.

Michel Lévy rapidamente assimilou as lições que o pragmatismo de seus colegas colocava diante dos seus olhos. Após ter consolidado sua jovem casa de edição sobre um produto sempre bem acolhido pela clientela, a peça de teatro de repertório, ou a do momento, multiplicou os procedimentos anexos. Graças ao fenômeno da coleção, habituou seus compradores a um formato, uma série, uma capa, um papel e um gênero específicos. Sua "biblioteca dramática" imitava suas antecessoras, mas lhes acrescentando algo que elas foram incapazes de prever, a mudança do material impresso. O pequeno volume manuseável, fácil de escorregar para o bolso, substituiu o grande in-oitavo em duas colunas, e foi no formato in-18 que apareceriam as peças de Anicet Bourgeois, Charles Dennery, Philippe-Francis Dumanoir, François Clairville e outros, Eugène Labiche, Henri Murger e Alexandre Dumas filho ou Octave Feuillet, alguns anos mais tarde. Paralelamente, o ousado negociante estabilizou em sua equipe os escritores nômades e abriu largamente a via para a corrente secular que transformou as edições múltiplas em edições únicas. Seus concorrentes lhe guardariam muitos rancores, mas ele se apossou de suas fatias de mercado com um instinto bastante seguro das grandes transformações de seu tempo, e não tencionava parar por ali.

Após a fase de estabelecimento de uma empresa de edição sobre um determinado produto-chave, a obra dramática, no exato momento em que Louis Hachette se tornava o cabeça do impresso escolar, Désiré Dalloz, do jurídico, Jean-Baptiste Baillière, do médico, e Édouard Dentu, do político, Michel Lévy passou para a segunda etapa, a da diversificação dos volumes oferecidos ao público, mas mantendo-os em um gênero fixo, o que mais tarde seria chamado "literatura geral", o que significa tanto a obra literária quanto o ensaio, o livro histórico ou filosófico, as memórias e as compilações de artigos. Dessa vez, foi a Camille Ladvocat quem ele imitou e, tomando-lhe Henriette Arnaud, chegou por seu intermédio a seu cunhado e se ligou por longo tempo a Louis Reybaud, pai de Jérôme Paturot. Com este autor de ambições sociais e políticas, percebe-se, claramente, uma mensagem dirigida não apenas às camadas abonadas da população, mas aos leitores da classe trabalhadora. Evidentemente, é para eles que se destinava o condensado de filosofia hegeliana para uso prático, dispensado pelo romance *Marie Brontin*, escrito em 1845. Após haver evocado a Paris do Diretório, as figuras de Gracchus Babeuf, Philippe Buonarroti e Darthé, o narrador fazia sua heroína dizer, em seu leito de morte: "A política, meu amigo, não serve para pessoas como nós. Apenas os grandes se aproveitam dela, os pequenos nela se machucam. Se o luto adentrou nossa casa, é por causa da política" (MOLLIER, 1984, p. 75-76) Reybaud procurava exorcizar as angústias do grupo social de onde saíra, a média burguesia, ou convencer realmente os leitores pertencentes às camadas inferiores da população? Tendemos a supor uma mistura das duas finalidades, sendo a segunda resultante de circunstâncias independentes da sua vontade, isto é, da situação do mercado do livro e seu potencial crescimento.

    Ele iria se sentir em perfeita harmonia com um editor como Michel Lévy, uma vez que seus objetivos sociais eram idênticos. Ao comprar de seu colega Eugène Troupenas, o grande editor de música, os direitos de reprodução das obras completas de Alexandre Dumas pai, no único formato in-18, o comerciante da rua Vivienne assinou um contrato decisivo e concedeu a si próprio as chaves de seu eminente crescimento. Ao publicar, em junho de 1846, uma edição dupla do *Comte de Monte-Cristo* – 12 volumes in-octavo vendidos a 90 F e 6 volumes in-18, a 2 F, ou seja 12 F[11] – atingiu de forma impiedosa Gervais Charpentier em seu próprio terreno, e a concorrência, ao não hesitar em baixar violentamente os preços

---

[11] *Bibliographie de la France*, nºˢ 2859 e 2860, 17 de junho de 1846.

para provocar um afluxo de clientes à sua loja. De uma média de 3.50 F, o volume in-18 baixou para 2 F,[12] fazendo eclodir, sem que Michel Lévy ainda tivesse consciência, nem o desejasse, o movimento decenal que o conduziria a seu limite histórico, 1 F (30 F em 2001 ou 4,5 euros) em novembro de 1855. Em alguns meses, o editor de 25 anos aperfeiçoava sua inovação e, em 1847, redigiu uma síntese de suas práticas profissionais, decidindo utilizá-las como uma arma no quadro de sua estratégia ofensiva para a conquista de um novo público. No prefácio posto no início das *Œuvres complètes d'Alexandre Dumas père* "formato da biblioteca Charpentier à 2 F o volume", escreveu efetivamente:

> Estas obras, populares pela fama, virão a sê-lo pelo formato e pelo preço. O reinado dos folhetins costurados caseiramente em um volume terminou; qualquer casa modesta terá uma prateleira para as obras que escolher [...].[13]

O que deve reter nossa atenção vem um pouco mais tarde no texto, quando o comentarista analisa características de sua época nestes termos:

> Constantemente agitados pela vida frenética a que nos levam os negócios em que todos mergulham, arrastados por esta nova lei geral, impiedosa, a lei 'de andar rápido', temos vontade de encontrar no que lemos uma distração agradável [...].[14]

Com esse documento, de aspecto tão banal que nunca veio a provocar a menor análise sociológica, estamos em face de uma interpretação *in situ* da dinâmica provocada por uma aceleração da história, em um domínio particular. Em 1839-1840, o folhetim da imprensa diária, antiga crônica das artes e das letras da semana, se transformou ao ceder sua rubrica ao romance-folhetim. Em alguns meses, a arraia-miúda da cidade e dos campos – que freqüentemente recebia o jornal com semanas de atraso – descobria uma nova maneira de

---

[12] Repetimos pela última vez que este termo conciso designa o *grand in-18 anglais dit Jésus*, ou seja, o volume antes denominado in-12 de dimensões 11,5 x 18,5, na verdade o atual formato dos volumes da Pléiade da Gallimard.

[13] Citado em MOLLIER, 1984, p. 106 e impresso no interior das *Œuvres complètes de Dumas* em in-18, à partir de 1847.

[14] MOLLIER, 1984; é possível que Michel Lévy tenha recorrido a um de seus amigos jornalistas para a redação desse prefácio.

se apropriar da escrita impressa. Rapidamente, as mulheres inventaram uma forma original de compor, na intimidade, uma biblioteca que não lhes custaria nada e, portanto, não resultaria no acréscimo de qualquer despesa ao orçamento familiar. Com uma agulha grossa e fio resistente, elas confeccionariam esses livros estranhos sobre os quais Anne-Marie Thiesse (1984) foi informada em suas pesquisas orais um século e meio mais tarde, e que se propagariam até os anos 1950. No entanto, esse suporte, ou veículo da cultura popular, já se viu condenado pela evolução desde o seu nascimento e, dez anos após ter surgido no rodapé dos jornais, o fragmento de romance já não deveria ser colecionado por si próprio, mas jogado fora após o uso, uma vez que o volume Charpentier, vendido a 2 F e logo a 1 F, o condenava, com toda clareza, a um evidente desaparecimento.

No entanto, a engenhosidade popular, o senso de conservação dos bens materiais, de sua recuperação e transformação visando usos não previstos no início, fruto de uma cultura multisecular nas civilizações rurais, fariam abortar os cálculos dos homens das artes, que viviam nos seios das cidades industrializadas, e se chocariam frontalmente com uma estratégia que apresentava todos os sinais de sucesso. Sem dúvida o foi então, assim como um século mais tarde, quando Henri Filipachi e seus sócios decidiram promover um livro de bolso fortemente inspirado no modo de consumo americano. Se parece verdade que, nos Estados Unidos, certo número de leitores adquiriu o hábito de devorar um romance, arrancando dele página por página – à maneira como na Europa se despetala margaridas, caso não se prefira limpar um legume de seu excesso de folhas – jamais, no Velho Mundo, se chegou a implantar esta prática, porque ela vai contra um excesso de tabus incorporados em nossos hábitos. O comprador de livros francês, britânico ou alemão ficaria, eventualmente, seduzido pelos preços módicos da coleção de bolso, mas, após consumir o produto, colocaria sabiamente o volume em algum canto de seu espaço familiar ou até mesmo decidiria torná-lo a base de sua futura biblioteca pessoal, o que não fora previsto pelos idealizadores desta revolução (CHARTIER; MARTIN, 1983-1986, t. IV). Da mesma forma, ou quase, Michel Lévy e seus colegas insistiriam em afirmar para a dona de casa do século XIX que o reinado do folhetim costurado a mão terminara, ela se recusaria a escutá-los e sua parcimônia ancestral triunfaria sobre todas as propagandas em favor do livro fabricado, impondo, em troca, um freio considerável à difusão das séries a preço baixo, no momento em que tudo parecia anunciar o sucesso dessa inovação.

O sociólogo e o historiador não se deparam normalmente com situações desse tipo. Assim sendo, devem interpelá-la mais que as outras, tanto mais que o processo estabelecido pelas grandes estratégias editoriais do século XIX apresentava todas as garantias de sucesso que se pudesse desejar ver reunidas, antes de lançar um produto sobre um mercado específico. Homens urbanos, tomados pelo turbilhão da velocidade que levaria outros a inventar automóveis, telefones, aviões, máquinas de escrever e outros veículos movidos pelo desejo de fazer sempre mais, eles se revelaram incapazes de dominar um dado social simples, a necessidade dos seres humanos de conservar intacta a herança mental recebida de seus pais. À civilização da aceleração do tempo vai se opor, então – e com que resistência! –, a tendência inconsciente do indivíduo que se obstina em conservar as maneiras de viver e de sentir, assim como os esquemas intelectuais de seus ancestrais. Combate desmedido entre o novo e o antigo, a luta do diabo com o anjo levará 150 anos para terminar definitivamente, pelo menos na França, e o livro terá tido dificuldades em derrotar seu concorrente irônico, o horrível folhetim costurado a mão dos campos, do qual, hoje em dia, ninguém pode avaliar a importância material e muito menos o grau de penetração real em um país voltado para o culto da memória, durante tantos decênios oficialmente dominados pela industrialização e urbanização aceleradas...

A edição popular em meados do século XIX

A penetração brutal no mercado parisiense, e logo nacional, dos romances populares ilustrados a 20 centavos foi objeto de alguns trabalhos, e Claude Witkowski se esforçou em apresentar uma lista a mais exaustiva possível dessas publicações (WITKOSKI, 1980). Os especialistas em Baudelaire foram os primeiros a se interessar por este tipo de impresso porque *La Fanfarlo* fora publicada por Joseph Bry, em 1848, assim como *Le Vin des chiffonniers*, oito anos mais tarde

(BAUDELAIRE, 1975-1976). Nós mesmos contamos a extraordinária trajetória de Pierre Luis François Joseph Bry, esse filho de carvoeiro que se iniciou aos oito anos como aprendiz de seu pai, que se tornara impressor litógrafo, e que em seguida experimentou trabalhar como livreiro, antes de se transformar em editor das *Veillées littéraires illustrées*, em janeiro de 1848 (MOLLIER, 1988a, p. 162-165). Para saber um pouco mais sobre as condições exatas nas quais foi criado um novo gênero, Georges-André Vuaroqueaux se dedicou a essa tarefa curiosa, e o resultado é suficiente para permitir uma compreensão global desse fenômeno que designamos *"romans à 4 sous"* (VUAROQUEAUX, 1989).

Quatro editores merecem ser igualmente citados, porque foram os primeiros conquistadores de uma nova necessidade que os fascículos de Hetzel, de Havard e de Michel Lévy começaram a satisfazer nos anos 1840-1845. Gustave Havard, portanto, nos aparece como o verdadeiro iniciador, uma vez que o vemos associado aos irmãos Lévy para a publicação de *Bagnes*, em 1844. Em janeiro de 1848, ele seria o primeiro a aparecer na *Bibliographie de la France*, ao anunciar uma série de fascículos a 20 centavos, ilustrados com gravuras, os *Romans illustrés*.[15] Joseph Bry o seguiu de perto, pois *Les Veillées littéraires illustrées* aparecem mencionadas em 12 de fevereiro do mesmo ano e foram objeto de uma declaração ao Ministério do Interior a partir do mês de janeiro. Gustave Barba, genro de Jean-Nicolas, os imitaria em 1849, lançando seus *Romans populaires illustrés*, e, sobretudo, viria a ser o pai da coleção em termos quantitativos mais importante da época, a *Panthéon littéraire illustré*, 746 fascículos que se sucederiam de 1850 a 1858 (VUAROQUEAUX, 1989). Com esses editores, é preciso citar o que é atualmente mais esquecido, Hippolyte Boisgard, criador das *Illustrations littéraires*.

Para compreender a originalidade de cada um, é preciso ter em mente o fato de que a litografia, parente pobre dos ofícios de arte gráfica, situada na parte inferior da escala de valores simbólicos, conheceu seu tempo de glória entre 1840 e 1850, antes de ser ultrapassada pela cromolitografia. Sua principal vantagem consistia em produzir

---

[15] *Bibliographie de la France*, 15 de janeiro de 1848.

ilustrações a preço baixo, já que seu custo era claramente inferior ao da xilogravura. Havard e Bry tiveram uma formação dupla, como litógrafos e como representantes de livrarias. Eram, portanto, profissionais da técnica e da comercialização, que iriam se jogar no encalço de um novo mercado, precisamente aquele do romance popular ilustrado por 20 centavos. A idéia era simples, mas suas conseqüências financeiras os surpreenderam ao menos em parte, e eles não pareciam possuir uma percepção muito clara do alcance dessa inovação. Em pouco tempo, Joseph Bry, desprovido de capital suficiente, estaria sob o jugo dos representantes do mercado livreiro, que haviam sido atraídos pelos ganhos potenciais esperados nessa indústria, e acabaria pedindo falência em 1855 (VUAROQUEAUX, 1989). A concentração vertical já ocorria neste setor da economia e, por essa época, os produtores de papel adentravam as oficinas de impressão, as livrarias e mesmo a edição.

Ao confeccionar as brochuras em formato in-quarto com duas colunas, num total, inicialmente, de 32 páginas e logo depois 16, formando um fascículo vendido por 4 *sous*, os editores Bry e Havard entenderam que era preciso criar uma necessidade no público. Para se assegurarem de uma clientela, transferiram os princípios da coleção para suas publicações e o beneficio de uma paginação seguida de um número a outro, a fim de preparar a fidelidade dos clientes. Assim, muitos fascículos formariam um caderno compreendendo a totalidade de uma obra, e vários cadernos poderiam ser brochados ou ligados para compor um volume. Alguns anos mais tarde, Pierre Larousse agiria da mesma forma, ao lançar seu *Grand Dictionnaire universel du XIXe siècle*, precedido por Bry com sua Encyclopédie nationale de 1850, ela mesma fortemente inspirada no *Dictionnaire de la conversation et de la lecture*, de Béthune e Duckett, que, por sua vez, imitaram o *Conversationslexikon*, do alemão Friedrich Brockhaus (MOLLIER, 1988a, p 107-109). Essas referências são necessárias para que se possa compreender a importância, nos anos 1830-1850, dos intercâmbios internacionais e das inovações que inspiraram em cautelosos homens de negócios, as mínimas mudanças qualitativas ou materiais ocorridas na Europa. É por esse motivo que nos parece mais científico falar antes em criação coletiva numa escala continental do que procurar descobrir o inventor genial, que nunca houve, dessas mudanças no setor.

Que público tentam atingir esses editores, cuja principal particularidade vem do fato de terem nascido no meio popular, terem conhecido uma vida difícil, sendo-lhes constantemente necessário lutar para sobreviver, superioridade sobre os herdeiros que o personagem Figaro já exprimia admiravelmente, seguindo Gil Blas, quando Beaumarchais o fazia falar às vésperas da Revolução Francesa? Gustave Barba escreve sobre isso em seu prospecto de inauguração do *Panthéon littéraire illustré*:

> É sobretudo entre os jovens de nossos campos, que geralmente possuem não mais do que dois volumes mal impressos, de gosto duvidoso e de uma moralidade equívoca, que deve fazer sucesso a nova publicação que hoje apresento. (*apud* VUAROQUEAUX, 1989)

Não realçaremos a função moralizadora da publicação, comum na época, mas também destinada a reafirmar os poderes públicos, inquietos perante o crescimento desses periódicos de preço baixo e seu sucesso entre o público desfavorecido. Bry explicara sua intenção e suas ambições da mesma forma: "Chega de salões de leitura: por 20 centavos consegue-se a posse de uma obra que teríamos alugado pelo mesmo preço" (*apud* VUAROQUEAUX, 1989).

Teria o resultado correspondido à expectativa de seus criadores? Georges-André Vuaroqueaux (1989) responde a essa questão analisando a produção do editor Bry: 120.000 fascículos em 1848, 596.000 no ano seguinte, 1.978.000 em 1850, ano recorde, ainda 1.650.000 em 1851, mas 830.000 em 1854 e somente 278.000 em 1855, época de sua falência comercial. As *Veillées littéraires illustrées*, isoladamente, representavam 91% de sua produção inicial, 67% em 1849, 52% em 1850, 30% em 1854, e a cifra de negócios teórica – calculada sobre a base de uma venda real de todos os exemplares a 20 centavos – passava de 28.600 F em 1848 para 355.400 F e 348.700 em 1850-1851 para baixar para 240.000 F em 1852-1853 e sucumbir em 58.000 F em 1855. No entanto, essas indicações precisas não dizem nada sobre o conteúdo dos fascículos ilustrados. Ora, esse dado é fundamental para se avaliar a ambigüidade da inovação, compreender suas fases de ascensão e de declínio. Em 1849, sobre um total de 29 autores que entraram na coleção a 4 *sous*, 13 eram contemporâneos, mas participavam apenas em 9 dos 38 fascículos anuais, ficando os outros para Cazotte, Walter Scott, Goethe, Benjamin Constant, Sterne ou Florian. Se somarmos, como o fez G. A. Vuaroqueaux, os fascículos oferecidos ao público de 1848 a 1854, totalizaremos 264. Entre eles, apenas 82 pertenciam a escritores contemporâneos, 150 a autores do começo do século, o restante do século XVIII ou de períodos ainda mais antigos.

Tenderíamos a nos perguntar o motivo dessa hesitação em privilegiar os romancistas do momento se esquecêssemos as necessidades materiais da edição. Da mesma maneira que Charpentier não podia pagar direitos de autor elevados e fazer baixar o preço do livro, Joseph Bry, Hippolyte Boisgard, Gustave Havard e Gustave Barba não teriam podido oferecer romances a 4 *sous* e, ao mesmo tempo, acertar adiantamentos importantes aos escritores em voga. A dança de hesitação da edição francesa entre inovação-risco e tradição-segurança, que observamos permanentemente ao estudar sua história do século XVIII ao século XX, se torna perfeitamente compreensível. Sem capital suficiente na origem, mas impelidos à frente pela necessidade, os criadores desenvolveram sua profissão, mas pararam no meio do caminho ou passaram a vez a homens de negócios, cuja aparência social e financeira era tal que lhes permitia recolher os frutos de um crescimento concebido por outros. Para remediar a falta de dinheiro, Bry, que imprimia 12 mil exemplares de seu *Veillées littéraires illustrées*, precisava recorrer à casa Marescq et Pelvey, fundadora em 1849 da "Librairie centrale des publications illustrées à 20 centimes", situada na rua du Pont de Lodi 5, ao lado das produtoras de papel do Marais e de Sainte-Marie, com as quais estava associada. G. A. Vuaroqueaux conseguiu desembaraçar a confusão de fios que uniam todas essas sociedades, mas nos deteremos apenas no que há de essencial em sua argumentação. Por serem oriundos da Normandia, como os Garnier, os irmãos Marescq tinham começado com a venda itinerante e souberam agregar ao romance popular ilustrado essa dimensão prioritária à sua penetração no país. Recorreram a todas as receitas experimentadas no século XVIII, confiando parte dos estoques aos mascates, e conseguiram expandir largamente essa literatura, ao lhe garantir outros escoamentos além daquele oferecido pela livraria tradicional. Cabeleireiros ou taberneiros venderiam essas publicações ilustradas e provocariam, em troca, aumento na vigilância policial e repressão política na hora de se votar leis sobre a venda ambulante (VUAROQUEAUX, 1989).

Achille Pelvey era, sem dúvida nenhuma, o verdadeiro capitalista do negócio extraordinariamente lucrativo que se esboçava, e compreendemos agora por que Charles-Alexandre Delatouche, após ter colocado seu empregado Warnod na Hetzel, em dificuldades em 1845, chegou num acordo com Pelvey, antigo avaliador público e mola mestra da edição ilustrada dos grandes autores contemporâneos (MOLLIER, 1988a; GAUDON, 1979). As obras completas de Georges Sand, Victor Hugo, Balzac e Eugène Sue passaram por sua loja, quer Bry tenha sido seu fundador ou não. Com tiragens de 10, 15 ou 20 mil exemplares, dependendo do caso, muitas vezes reeditadas sob o Segundo Império, essas séries populares fariam a alegria de seus leitores e dos empresários, mas nem sempre, nem mesmo com freqüência, de seus autores e, menos ainda, dos editores ousados mas descapitalizados, que trabalhavam contra sua vontade para aumentar os lucros dos Pelvey, Malmenayde, e outros Delatouche, esses desconhecidos ou não reconhecidos da história da edição, cuja evocação tem como principal objetivo lembrar que esse comércio não poderia ser estudado sem ser permanentemente situado em seu contexto histórico, econômico e social , assim como cultural. Ainda que as letras e as artes tenham seu grau de autonomia, não podem ser isoladas de seu tempo sem que se corra o risco de perder sua compreensão, coisa que nos recusamos a considerar.

Razões políticas e econômicas somaram-se no início do Império e atenuaram a importância da revolução que estava em gestão no nascimento do romance popular ilustrado. A vigilância policial, as intrigas, as recusas de alvarás, ou as demoras destinadas a inspirar um receio permanente de ver a autorização para o comércio suspensa, tiveram uma primeira conseqüência: homens como Joseph Bry, de origem popular, conhecendo muito bem as necessidades e os anseios dos humildes, acolheram favoravelmente a revolução de 1848 e, algumas vezes, dela participaram. Amigo de Alphonse Esquiros, suspeito de ter sido influente no Clube Blanqui, o editor abandonaria progressivamente a publicação das obras do líder de inspiração comunista, ou de outros considerados perigosos, e se prepararia para conseguir total liberdade de ação. As leis sobre a venda ambulante teriam, por outro lado, um efeito devastador, por limitarem a difusão dos volumes e provocar uma crise de superprodução, agora que o surgimento e o sucesso dessa literatura popular suscitavam uma concorrência importante. Em nossa opinião, o gargalo de estrangulamento, provocado pela vigilância sobre a vendagem ambulante, é que explica as dificuldades dos editores especializados em publicações ilustradas a partir de 1854 e que impede uma maior penetração, na França, desse tipo de fascículo destinado a múltiplos leitores. Se a isso acrescentarmos as razões financeiras já evocadas, que levaram Bry, Havard, Barba e Boisgard a hesitar, a tatear, a oferecer desordenadamente o novo e o velho, o clássico e o popular, confundindo, sem dúvida, os leitores mais humildes, teremos a maior parte das ferramentas heurísticas passíveis de ajudar na compreensão desse período. Além disso, G. A. Vuaroqueaux (1989) constatou, em uma fórmula clara e breve: "A edição popular (em 1848-1854) é, de fato, o reinado da reedição". A ausência de financiamento próprio, a inexistência de estruturas bancárias adaptadas a esse novo mercado, apesar da criação do "Comptoir d'Escompte" de Paris em 1848, retardaram a generalização dessa mudança e chegaram mesmo a feri-la gravemente, expedindo para o final do século a eclosão de uma literatura popular ilustrada, adaptada a um consumo de massa.

Ela pode ter nascido em 1848, pelo que nos parece, e as grandes coleções ilustradas de 1905-1910 muito lhe devem, as de Fayard e Flammarion ou de Calmann-Lévy, com tiragens de 50 mil ou 100 mil exemplares, vendidas a menos de 1 F o exemplar. Faltava-lhe um elemento que Michel Lévy percebeu claramente em 1855, o mesmo ano em que Joseph Bry foi à falência e seu concorrente lançou sua coleção emblemática: a vontade imperiosa de não aceitar nesse tipo de publicação nada além dos autores contemporâneos mais populares, com a possibilidade de juntar a estes, em seguida, autores do passado que apresentassem a mesma qualidade. Sem se ater a esta decisão, os romances populares ilustrados não desenvolveriam todas as suas potencialidades, e, aliás, o mesmo aconteceria com a Collection Michel Lévy, que acabaria por perder o fôlego, por se enfraquecer e por deixar de absorver os jovens criadores em seu acervo. Ao escrever estas linhas, o historiador tem, entretanto, total consciência de que é mais fácil para ele, do que para os contemporâneos, perceber essas "lições" extraídas das experiências deles, enquanto que eles, imersos em seu século e ofuscados pelas necessidades da existência, não dispunham, evidentemente, de meios para usufruir desta meditação secular e não se empenhavam menos em sua missão, inovando, avançando e fazendo progredir a leitura entre os homens e as mulheres de seu tempo.

A Coleção Michel Lévy

Fruto nem tanto do gênio inventivo de um editor, mas do senso de adaptação a uma conjuntura imposta pela concorrência, como demonstramos em *Michel et Calmann Lévy ou la naissance de l'édition moderne*, essa coleção levaria o nome do editor que, nisto, se inspirou no exemplo de Gervais Charpentier. No prospecto impresso em dezenas de milhares de exemplares, que fez distribuir em todas as livrarias no final de 1855, ele expunha claramente suas intenções. A série seria composta por uma "seleção das melhores obras contemporâneas"; cada volume compreenderia "o equivalente a dois ou três in-oitavo" e sairia a cada oito dias, comportando de 350 a 400 páginas, por um preço padrão de 1 F.[16] Trata-se da afirmação de uma atitude que Michel Lévy não renegaria jamais e que explicaria pacientemente a George Sand, cética e angustiada com as conseqüências desta mutação da livraria francesa. Ao se levar o público a ler as melhores obras dos escritores por um custo módico, provocar-se-ia uma necessidade cultural tão forte quanto o desejo de comer ou beber (MOLLIER, 1984). Reveladora de uma metafísica positivista, e de uma crença no progresso ilimitado das sociedades, essa exposição doutrinal afastava prontamente a própria idéia de uma cultura popular autônoma como a de uma literatura à parte, que buscaria um

---

[16] Prospectus in-8, impresso por Simon Raçon, s.d., final de 1855, col. do autor.

determinado público. No espírito do inovador, a aculturação era uma necessidade, já que ele via na cultura um fenômeno universalista. Sua própria experiência o havia ensinado, e teria sido absurdo, do seu ponto de vista, imaginar uma outra maneira de conceber seu trabalho de editor.

Compreende-se, agora, porque, ao organizar seus catálogos, o profissional da rua Vivienne distinguia gêneros e categorias de obras unificadas por seu preço, mas não espécies que se coadunariam mais com uma camada social do que com outra. Em março de 1856, entre as 32 páginas de seu catálogo, uma dedicada às novidades, seis às duas "bibliotecas contemporâneas" in-18 vendidas a 2 ou 3 F e englobando os livros que pertenciam à história, à literatura e às viagens, uma outra à "biblioteca dos viajantes" in-32 a 1 F, como a Collection Hetzel et Lecou, idêntica à anterior. Seguiam-se três páginas de obras e brochuras nomeadas "diversas", e a primeira parte terminava aí. O teatro ocupava dezessete outras páginas, uma delas reservada ao "Museu contemporâneo", os folhetins literários publicados pelo Le Siècle e vendidos a 20 centavos, e a quarta capa, enfim, reservada para as obras "em andamento". Um encarte de quatro páginas anunciava a criação da Collection Michel Lévy, e, um ano após ter mencionado o primeiro título – *La Bohème galante*, de Gérard de Nerval, publicada em novembro de 1855 –, a *Bibliographie de la France* registraria o 211°, quatro vezes mais do que o ritmo inicialmente previsto. "Uma nova fase no comércio da livraria francesa"[17] acabava de despontar, e o formato Charpentier parecia, de fato, "ter ganho legitimamente a simpatia de todos, porque respondia às necessidades e ao gosto de todos". Peremptório, o prefaciador anônimo acrescentava este comentário: "De agora em diante, sabemos que a única reforma a ser reclamada pelos leitores é a reforma do preço de venda" e ilustrava, sem nomeá-los, a derrocada dos in-16 e dos in-32 por sua inadequação à maneira de ler dos franceses da época.

O comércio livreiro havia experimentado, hesitantemente, todos esses formatos, desde 1811. Na véspera das Trois Glorieuses, poder-se-ia crer que o livro bem pequeno era o que melhor se adaptava

---

[17] Prospecto citado em n. 1, p. 33.

à paixão dos espectadores ou à aprendizagem dos escolares; um pouco mais tarde, aos viajantes das estradas de ferro. Não apenas a censura, a polícia, o Estado e as alfândegas foram responsáveis, em 1811, em 1814, em 1828-1829, em 1835 ou em 1852, pela retomada de interesse por essas séries de obras minúsculas e baratas, que serviriam de veículo a *Napoléon le Petit*, de Victor Hugo; sem dúvida o último grande sucesso do gênero.[18] Uma vez que o in-18 (18,5 cm x 11,5 cm) definitivamente levava vantagem sobre seus adversários, só restava organizar os últimos detalhes materiais do plano de campanha: editar "livros assinados por nomes bastante populares, para garantir tiragens numerosas e uma vendagem rápida".[19] Basicamente os problemas estavam resolvidos: numerosos contratos haviam sido assinados com os autores de sucesso. Suas produções passadas e futuras entrariam na coleção, e os cálculos de rentabilidade haviam imposto suas normas uniformizadoras: tiragem média de 6.600 exemplares, reimpressão eventual a 3.300, compra de manuscrito inédito fixada em 400 F, etc.

    Mais do que retomar os exemplos muitas vezes citados, preferimos verificar a concordância da política editorial de Michel Lévy com seus resultados, estudando sistematicamente um autor médio, nem muito conhecido, nem de vanguarda, para eliminar as variações que poderiam provocar estes ou aqueles. A fim de possibilitar comparações com escritores de outros países francófonos, nos detivemos na obra de Henri Conscience (1812-1883), natural de Anvers, de origem francesa, que participou ativamente do despertar político e cultural de sua província natal, após 1835. Católico, hostil à filosofia dos iluministas e recusando, assim, a língua francesa, ele escreveu em flamengo épicos históricos ou retratos de costumes modernos que, à aparição de *Lion de Flandre, Conscrit* e *Gentilhomme pauvre*, o designaram, antes de 1848, o romancista nacional. Traduzido para o inglês, o alemão e o italiano, ele deveu a um professor de Letras da Faculdade de Gand, Léon Wocquier, sua entrada no mercado francês e a Michel, depois Calmann Lévy, sua propagação na França. No *Catalogue général*

---

[18] Ver GAUDON, 1979. Sobre o emprego do in-32 para os manuais escolares, lembremo-nos da série da *Petite histoire de France*, de Mme de Saint-Quen, da Hachette.

[19] Prospecto citado.

des imprimés da Bibliothèque Nationale, contabilizamos 53 volumes diferentes editados pelos dois irmãos entre 1856 e 1884, praticamente toda sua produção, com exceção de dois ou três títulos — entre os quais o célebre *Rikketike-tak* — deixados à concorrência. Esses 53 volumes continuariam a aparecer nos catálogos da editora, em 1913, 1918 e mesmo em 1923;[20] entre eles, 16 foram traduzidos por Félix Coveliers, os outros 37, por Léon Wocquier.

Era, pois, tentador verificar a constância e a fidelidade de um grande editor parisiense a um autor estrangeiro, por cerca de trinta anos. Para chegar a isso, examinamos os seis primeiros registros de tiragem da Collection Michel Lévy, confiados desde 1986 ao departamento de manuscritos da Bibliothèque Nationale de France.[21] O total de impressões totaliza 682.300 volumes, ou seja, uma média anual de 24.367 exemplares, o que é totalmente louvável. As variações vão de 27.500 para *Le Démon de l'argent*, publicado no início de 1857 e reimpresso oito vezes entre 1858 e 1879, a 3.300 para *Serfs de Flandre* e *L'Illusion d'une mère*, o primeiro deles posto à venda em outubro de 1880, o segundo, um ano depois.[22] Na verdade, nenhum dos dezesseis títulos, impressos a partir de fevereiro de 1872, alcançaria a marca de 10 mil exemplares, e apenas um, dos 18 romances postos em circulação após o desmoronamento do Segundo Império, atingiria, em 1884, o total de 11 mil volumes. Dois períodos se esboçam, então, claramente, para a difusão das obras de Henri Conscience nessa coleção: 573.100 livros divididos em 35 títulos de 1856 a 1870, 109.300 para os dezoito posteriores. Dessa vez, as médias anuais são muito diferentes: 40.920 volumes antes de 1870, 8.407 depois, ou seja, cinco vezes menos.

Esses cálculos e essas médias não dizem no entanto o essencial, já que totalizamos a difusão de uma obra detendo-nos apenas na data em que foi posta à venda pela primeira vez. Para depurar nosso enfoque, é

---

[20] Col. do autor.
[21] Dez registros ao todo, seis anteriores a 1885, os outros quatro posteriores. Estão disponíveis para consulta na Bibliothèque nationale de France, rua de Richelieu.
[22] Nossos números levam em conta os exemplares excedentes da tiragem, ou seja, 10%, impressos sistematicamente conforme os costumes da profissão. Os 53 títulos estão divididos em 57 volumes porque quatro deles têm dois tomos.

preciso, agora, esquecer isso e contabilizar apenas as tiragens e reimpressões realizadas antes ou após o verão de 1870. Agora, o equilíbrio parece quase perfeito: 369.900 exemplares saíram das prensas entre abril de 1856 e junho de 1870, 312.400, de dezembro de 1871 a junho de 1884; média de 24.660 por ano antes da Comuna e de 24.030 após, o é que muito próximo da média geral, 24.367, indicada anteriormente. Compreende-se, agora, por que Calmann Lévy, ao suceder seu irmão Michel em 1875, não interrompeu a publicação do escritor flamengo, continuando mesmo a oferecer ao público os 18 títulos que faltavam para completar a série das *Œuvres complètes*. Nesse caso, são as obras lançadas antes de 1870 e constantemente reimpressas que servem de locomotiva, levando em sua esteira toda a coleção e permitindo que se estabilize a venda anual acima de 24.000 exemplares. Um profissional concluiria com isso que Gaston Gallimard conhecia bem seu ofício, quando declarava que o acervo é que mantém viva uma editora, e não as novidades. Os irmãos Lévy já tinham provado isso, por sua própria conta, bem antes dele.

O que os números nunca dizem, mas que a observação dos volumes nas bibliotecas deixa logo evidente, é a inteligência do editor e sua capacidade em superar as dificuldades mais imprevisíveis. Se Michel e Calmann Lévy mantiveram sua coleção emblemática com o mesmo preço na 3ª República – apesar de um reajuste de 1 F para 1,25 F ao vigorar um imposto sobre o papel, reajuste cancelado assim que o imposto caiu –, o fizeram utilizando, sobre certos volumes, um subterfúgio que nos conduz ao tempo da Restauração ou ao início da Monarquia de Julho. Os volumes de 1871-1875 são, na verdade, muito menos densos que os precedentes, e o número de sinais tipográficos foi reduzido de um terço à metade. O branqueamento e o fracionamento reapareceram, e o leitor, o comprador do volume, já não tem o material de dois ou três in-oitavo que lhe fora prometido em 1855-1856. Reduzindo de 35 a 50% os custos com impressão e papel – quase 20% do preço marcado –, o editor baixou seu custo líquido e aumentou, assim, seu ganho proporcional, o que lhe permitiu compensar a redução parcial das vendas, mantendo seu ganho médio. Ninguém da imprensa se deu conta ou falou disso na época, mas Michel Lévy encontrara, desse modo, uma forma engenhosa de remediar os obstáculos surgidos em seu percurso e que ameaçavam a própria existência de sua coleção.

Voltemos, com efeito, para trás, para melhor avaliar esses complexos mecanismos. Assim que decidiu, no final de 1855, incluir Henri Conscience nessa série, Michel Lévy publicou as *Scènes de la vie flamande*, as *Veillées flamandes* e *La Guerre des paysans* na Bibliothèque contemporaine, a 3 F o volume, e *Le Gentilhomme pauvre* e *Le Conscrit*, na de *voyageurs*, a 1 F. As *Scènes de la vie flamande* estrearam na Collection Michel Lévy em abril de 1856 e, aos 6.600 exemplares de cada tomo, acrescente-se 3.300 em fevereiro de 1858, 2.200 em maio de 1861, outro tanto no começo de 1864 e 3.300 em agosto de 1867. Esse único título, com seus dois tomos, rendeu 35.200 exemplares em menos de dez anos, e os limites de rentabilidade foram largamente ultrapassados. O título seguinte, *Le Fléau de village*, impresso em setembro de 1856, e *Le Démon de l'argent*, em fevereiro de 1857, também confirmaram o estudo de mercado instintivo que precedera o lançamento da série. No entanto, em agosto de 1857, o *Veillées flamandes* teve uma tiragem de apenas 5.500 exemplares, sucedidos três anos depois por outros 2.500 volumes. O mesmo aconteceria com *La Mère Joh*, *La Guerre des paysans* e *Heures du soir*, em 1857, *L'Orpheline*, em 1858, *Batavia* e *Aurélien*, em 1859. Mas nesses dois últimos casos, o espaço entre a primeira e a segunda edição passou de alguns meses em 1856, ou dois a três anos em seguida, para cinco, seis e sete anos a partir de 1859, o que traduz o nítido enfraquecimento da coleção e justifica a revisão da baixa das tiragens inicialmente vistas: cinco mil, e não mais seis mil exemplares para início de vendagem, ou seja, 5.500 com os excedentes ao invés de 6.600. A seqüência é ainda pior: *Le Tribun de Gand* foi lançado com tiragem de 4.400 em 1860, o *Souvenirs de jeunesse* com 3.300 em 1861, e esta seria a cifra agora estabelecida como correspondente ao público de Henri Conscience e para a difusão da Collection Michel Lévy para autores populares mas sem papel de estrelas sobre os compradores de livros.

Cinco ou seis anos após seu início, essa série de preços baixos encontrou um obstáculo maior, não previsto em 1855: a impossibilidade de expandir o público leitor, mesmo baixando energicamente o preço estipulado para além de certo limite, o que, sem dúvida, separava o grande público do público que freqüentava as livrarias. O primeiro talvez tenha comprado alguns dos primeiros títulos; depois descobriu locais intermediários para empréstimo – principalmente as primeiras bibliotecas – ou retomou seus hábitos e preferiu continuar a destacar seus romances dos jornais, ou então orientou suas compras para o romance-jornal, o que, na época, levou muito naturalmente Michel Lévy a se associar para adquirir vários deles, o *Journal du Dimanche*, o *Journal du Jeudi* ou *Les bons romans*, que lançou com Hetzel (ROBIN, 1988, p. 313-315). Se, entretanto, a experiência anterior teve prosseguimento, foi porque ela atingira uma espécie de velocidade ideal, e o sucesso de obras como *Madame Bovary* compensava algumas más vendas. Estabelecia-se um equilíbrio, embora não fosse o esperado. Assim, era preciso lançar mão de outras receitas para manter um lucro médio, reutilizar os clichês quando da impressão dos jornais, ceder certos direitos anexos, etc. Mas essa coleção que se tinha pretendido como a dos leitores e autores populares só o seria parcialmente e muito aquém dos planos estabelecidos no início. A mistura de gêneros que descrevemos no *L'argent et les lettres*, a diminuição progressiva do número de autores novos introduzidos na série ganham todo o sentido, e se verificou, uma vez mais, a eficiência dos administradores daquela casa de edição, que ouviram a voz da experiência e se recusaram a prosseguir além do razoável, tentativa que os teria conduzido à beira de um abismo financeiro, caso insistissem em querer provar que sua idéia era boa. Ao reduzir as primeiras tiragens, evitaram a superprodução, dissiparam o risco inerente ao acúmulo de estoques muito importantes e agiram, administrativamente, de maneira sábia e prudente.

No entanto, nenhum de seus colegas se beneficiou dessa sabedoria, e, em 1856, Charpentier viveu sérias dificuldades. Charles Jaccottet e Achille Bourdilliat, apesar da estréia estrepitosa de sua "Librairie nouvelle", no Boulevard des Italiens, tiveram de desistir e vender a Michel Lévy, enquanto que os impressores que acreditaram poder investir num setor em desenvolvimento logo se desencantaram e abandonaram suas tentativas ou as limitaram a proporções bem estreitas. Napoléon Chaix pesara ponderadamente todos os argumentos disponíveis ao lançar sua Bibliothèque des Familles, mas desistiu rapidamente de ver nela a imagem da marca de sua firma e se refugiou em seu papel de impressor de guias de estradas de ferro e de papéis administrativos. Outro colega seu participava de seus sonhos em meados do Segundo Império e se empenhou em criar uma biblioteca revolucionária e popular, que intitulou, um tanto pomposamente, Bibliothèque nationale. Desiludiu-se bastante rapidamente. No entanto, antes de se tornar impressor, Jean-Baptiste Éloi Dubuisson começara como escriturário de livraria na loja de Boulé e fora iniciado no lançamento de coleções, participando da coleção de "mil e um romances" que inscrevera Frédéric Soulié, Alphonse Kart, Alexandre Dumas e Eugène Sue entre os autores passíveis de cativar um público amplo (OLIVERO, 1987; 1999). Ao produzir uns 40 jornais, ele adquirira a certeza de que a edição de romances podia ajudar na venda de periódicos. O sistema de brindes funcionava bem, atraía os futuros assinantes e, eventualmente, os incitava a preferir um título a outro.

Henri Charles Leneveux, antigo compositor na Firmin Didot, diretor da L'Atelier em 1840-1844, mudou-se para a Dubuisson pouco depois e começou, em 1853, uma Bibliothèque utile. Essa coleção de volumes in-32, com 190 páginas, era vendida a 60 centavos e compreendia 45 títulos em 1878 (OLIVERO, 1987; 1999). Faltava um personagem para formar a Bibliothèque nationale, e surgiu Nicolas David, um tipógrafo que estudara com o Abade Migne, de 1852 a 1859. Por fim Gautier, um paginador, se juntou a David e Leneveux, e os três, com o consentimento de Dubuisson, resolveram produzir uma coleção "de obras literárias e filosóficas caídas em domínio público". Graças a um sistema original de gestão, a sociedade dos artesãos que participava da produção dos volumes detinha a sua propriedade, e o preço descontado, 25 centavos para os livrinhos in-32 de 200 páginas, parecia ser a garantia de um futuro sucesso. Isabelle Oliveros, que estudou o desenvolvimento desse empreendimento, é precisa: apesar do depósito das obras de Lucien Marpon, na Odéon – seu nome vem impresso nas capas, ao lado do de Dubuisson a partir de 1865 – a Bibliothèque nationale não foi, verdadeiramente, um sucesso. Certamente ela se valeu, por um tempo, da abertura das primeiras bibliotecas populares que a adotaram, mas, nos anos 1880, sua orientação foi mudada, parecendo visar o livro de preço e o livro de brinde, ou seja, no primeiro caso, buscar a necessidade do público e, no segundo, os compradores abonados, que aceitavam pagar caro por um belo livro, na época das festas de final de ano.

É fácil se estabelecer um balanço: lançada em 1860, a coleção compreenderia 241 volumes em 1878, 314 em 1886 e 341 em 1913. Prevista, de início, para um ritmo bimestral, presumiu-se que ela pudesse desenvolver uma capacidade maior em 1865 e atingir a cifra de quatro a cinco volumes mensais, mas, se compararmos esses dados com os que se referem à Collection Michel Lévy, o resultado é cruel para a associação operária: no primeiro ano, seu concorrente colocara no mercado 211 títulos; seriam precisos dezoito anos para atingir o mesmo desempenho, e quando conseguiram se aproximar dos 250 volumes que formariam seu acervo, o editor da rua Auber já inscrevera mais de mil em seu catálogo. Em 1889, sua coleção continha 1.649 volumes e anunciava 1.414 títulos, divididos entre 277 autores. Apesar dessas cifras, ele sabia, por outro lado, que a esperança advinda com o início do Segundo Império, e substituída pelo voto da lei Ferry, em 1881-1882, não lograra obter um sucesso correspondente e logo teria de encetar dolorosas disputas com os novos empresários que surgiam, como Ernest Flammarion, Arthème Fayard, Jules Tallandier, Joseph Ferenczi e vários outros que visavam esse público popular mítico, objeto de sua avidez mas ainda tão esquivo no final do século quanto havia sido na sua metade...

Leitura pública e leitura popular

É preciso se render às evidências: contrariamente ao que se pretendera com as estratégias adotadas em 1848-1850 com a impressão de séries ilustradas, e, em seguida, em 1855-1860 com a multiplicação das coleções a preços baixos, foi o mesmo público que continuou a comprar os livros, apenas seus limites encurtaram. O movimento de negócios no Segundo Império ampliou a importância da classe média e permitiu que uma parcela limitada do proletariado acedesse ao consumo de livros. O jornal foi o mais ofensivo, e foi ele quem obteve os favores do público, principalmente graças ao desenvolvimento da pequena imprensa: o do jornal não-político a 1 *sou* e aquele dos jornais-romances. Hetzel, sem dúvida, não se enganou nesse caso, após se associar a Michel Lévy, para os *Bons Romans*, em 1861-1863. Quando lançou seu *Magasin d'Éducation et de Récréation*, em março de 1864, procurou atender as famílias abonadas, não aquelas que continuavam a lutar simplesmente em busca da sobrevivência. No entanto, o crédito, com o livreiro Abel Pilon começou a transformar os costumes dos franceses e deveria ser capaz de ampliar o grupo de consumidores de livros, mas o tempo das compras maciças, por correspondência, nos centros de venda a distância, ainda não chegara, e os progressos eram lentos.

Certamente a rede de livrarias se desenvolveu, mas, paralelamente, a do comércio ambulante se retraiu. Jean-Jacques Darmon estima em 1.700 o número de bascos que participaram do empreendimento em 1855, 500, em 1868, e observa uma concentração econômica em torno de Charles Noblet em Paris, das casas editoras interessadas neste comércio.[23] Se dois milhões de obras passaram por esse circuito em 1855, não se conta, segundo Darmon, mais do que 1,1 milhão em 1867, mesmo incluindo os volumes dos grandes editores, Hachette, Michel Lévy, Dentu e Hetzel, o que parece traduzir, novamente, mais um movimento de recomposição de partes do mercado do que um crescimento global da produção. Ele chega a fornecer outras cifras ainda mais perturbadoras, pois atribui às leis de comércio ambulante, de 1849 e 1852, a responsabilidade pela queda espetacular da distribuição: 9 milhões de objetos impressos em 1848, dois milhões em 1868. É bom esclarecer que essas indicações não possuem valor em si mesmas e precisam ser relacionadas com os dados gerais referentes às livrarias francesas. Nesse caso, o panorama é mais inspirador: 2.428 livrarias de província em 1851, 3.724 em 1861, 4.062 em 1864 e 5.086 em 1877 (LYONS, 1987); 43 bibliotecas de estações em 1853, 162 em 1861, perto de 500 dez anos mais tarde (MISTLER, 1964, p. 134-136; MOLLIER, 1999c). Outros fenômenos

---

[23] Sobre as livrarias, ver LYONS, 1987, e sobre a venda ambulante, DARMON, 1972.

atestam a extensão do consumo de livros – a venda a crédito, a que já nos referimos, mas sobretudo o aparecimento de bazares, lojas de quinquilharias e outras mercearias que retomam as funções que antes estavam a cargo dos comerciantes de armarinhos, os primeiros mascates de livros da França do Antigo Regime. Ao mesmo tempo em que o livro amplia, em extensão, sua área de encontro com o público, provoca outros pontos de contato, e encontramos aí as grandes linhas de evolução desse setor da economia, resumidas na *Histoire de l'édition française*. O decolar da produção entre 1840 e 1914 é um primeiro dado. O número de títulos registrados na Bibliographie de la France passou de 3.357 em 1815 para 6.739 em 1830, 11.905 em 1860 e alcançou 14.195 em 1875, outros cálculos chegando a estimar em 20.951 a produção de obras em 1900 e 24.443 em 1914 (CRUBELLIER, 1990-1991). De 506 impressores em 1811, passou-se a 4.006 em 1911, e o consumo de papel, assim como o de volumes, cresceu espetacularmente, a exportação fazendo dobrar o esforço de penetração interior (BARBIER, 1990-1991). O romance conquistou um público ainda mais extenso, e Jean-Jacques Darmon pôde comprovar a introdução, na mala do mascate, a um só tempo, de volumes in-18 e de jornais literários ilustrados, principalmente os *Journal du dimanche*, *Jeudi e Bons Romans*, de Michel Lévy, antes que *Le Petit Journal*, com seus 1.200 pontos de venda espalhados por todo o território, viesse a revolucionar, uma vez mais, o contato do leitor com os produtos da imaginação humana.

Talvez sejam essas tendências gerais da impressão e da edição francesas que permitam compreender os movimentos contraditórios do consumo popular. Quanto mais o campo era tocado pela aparição de novidades, mais ele recorria a hábitos antigos, retardando, provavelmente, a generalização dos costumes modernos. Podemos pensar, de fato, que o leitor recente do *Petit Journal* ou do *Journal du dimanche* tenderia a destacar e costurar os folhetins, enquanto que o consumidor mais antigo teria começado a comprar alguns volumes. Pelo menos é assim que interpretamos os resultados da pesquisa de Anne-Marie Thiesse e as revelações de seus leitores do começo do século. Perante uma situação tão contrastante, tão oscilante, os grandes profissionais foram levados a rever suas estratégias e a esquecer, parcialmente, o auto-investimento em um setor cuja rentabilidade caíra; e, após ter tentado tenazmente promover outras técnicas de penetração no mercado, desviaram, progressivamente, sua atenção de um setor que não mantinha as suas promessas. Desde 1865, o montante de vendas de jornais no volume geral de negócios dos quiosques de estação da Casa Hachette era superior ao dos livros, e esse movimento se acentuou no final do período. Por outro lado, observamos que, após ter atingido seu máximo em 1856-1857, as tiragens médias da Collection Michel Lévy caíram de 6.600 para 3.300, e sabemos que, no final do século, os editores parisienses consideravam uma tiragem de 500 exemplares uma verdadeira edição, enquanto que outros chegavam a contabilizar como um mil cada lote de 200 volumes, para prejuízo dos infelizes escritores, frustrados em sua esperança de ganhos e fama. Se o escritor via indicado "10e mille" na página de rosto, esperava com impaciência o acerto de seus direitos sobre essa base, mas, assim que seu *marchand* lhe revelava a trapaça, precisava admitir que "10e mille" devia ser lido como "dez vezes 200 volumes", ou seja, cinco vezes menos do que seus cálculos mais ousados! Acrescentemos, por fim, que seria preciso estudar os tabus psicológicos fortemente arraigados até mesmo hoje em dia e que, num país como a França, têm por fim designar o livro como um domínio reservado a certas categorias sociais, e a leitura como uma prática perigosa para os camponeses e os operários. A apóstrofe do Pai Sorel a seu filho Julien – *Chien de lisard!*[24] – não é um simples anátema, mas remete às origens do que Robert Muchembled (1988) chamou de *L'Apparition de l'homme moderne*, ou seja, aos séculos XVI e XVII.

Quando, após a Fronda, a boa sociedade quis inventar esse homem dos novos tempos, policiando-o, dirigindo-o, normatizando-o, arrancando as raízes de sua cultura ancestral, utilizou os meios a seu alcance: a Justiça, a Igreja, a Escola e o material impresso. Ora, como observa o autor desse ensaio histórico, "a escrita age como

---

[24] "*Chien de lisard*" é uma expressão pejorativa, em relação a alguém que lê muito, cuja tradução, ao pé da letra seria "imbecil maníaco por leitura". Nas traduções brasileiras de *O vermelho e o negro* que consultei, a expressão aparece traduzida, simplesmente, como "cão do inferno", "imbecil", sem alusão ao hábito de leitura. (N.T.).

uma alavanca para romper a coesão do mundo comunitário oral, prosseguindo assim o efeito em curso das mudanças econômicas, religiosas e políticas"(MUCHEMBLED, 1988, p. 352). O resultado foi catastrófico, ainda que, então, imprevisível: os camponeses abastados e seus filhos se identificaram cada vez mais, por intermédio da escrita, "com os modelos vindos do alto da sociedade, banindo, por outro lado, as mulheres, as massas mais pobres e seus herdeiros para uma civilização oral em vias de desvalorização" (p. 353). O caráter sagrado, amedrontador da página escrita reenviava o livro ao mundo do absolutismo, da censura e da polícia e talvez assim compreendamos melhor, pela sutileza dessa análise tão rica, por que a *Bibliothèque bleue* de Troyes encontrou primeiramente nas cidades seu público natural, e por que foi preciso esperar até o século XVIII para que ela começasse a nutrir os campos. Ao queimar as bibliotecas dos castelos, durante o "Grande medo" no verão de 1789, os camponeses pretendiam se ater somente aos tombos e outros registros de direito feudal ou designavam, de modo mais geral, o livro como invenção do diabo, de um diabo humano, vindo da cidade, em parte ligado ao poder, ao senhor e ao bispo?

Quando a França do século XIX criou suas bibliotecas e suas livrarias, ela se fechou no mesmo tipo de procedimento: por um lado a obrigação de selo para o comércio ambulante, a fim de separar o livro oferecido no campo, severamente controlado, daquele apresentado nas livrarias, menos censurado; por outro lado a proibição de tomar emprestado um romance sem pegar ao mesmo tempo um livro considerado sério. Todos esses elementos contribuíram, sem dúvida, para retardar a penetração das obras de ficção e da literatura popular no âmago da França, e outro modo de comprovar isto é a leitura de um livrinho inteligente e bem informado, *Les Boutiques d'esprit*, de Auguste Lepage (1879), publicado em 1879 pela Olmer. Grande conhecedor da imprensa e da edição da época, o autor observa que na editora Hachette quase não se publicava mais romances, a não ser por dois ou três escritores, entre os quais Victor Cherbuliez; que Palmé, diretor da Librairie catholique, começou vendendo objetos de piedade em Saint-Sulpice, o que talvez não seja a melhor maneira de começar a se ocupar com o comércio livreiro; que Robert

Nourrit, sócio de Plon, era filho do grande cantor lírico Adolphe Nourit e que, se ele inventou uma Bibliothèque des romans, rua Garancière, toda sua educação se destinava a produzir mais para as elites do que para as massas. É preciso dizer que outros exemplos vão de encontro a essa visão pessimista: Ernest Flammarion e Arthème Fayard, Joseph Ferenczi, Jules Tallandier, Jules Rouff e logo Thomas Nelson se empenhariam para tornar os romances conhecidos, e o sucesso das coleções a preços baixos, freqüentemente ilustradas, de tiragens impressionantes – 100 a 200 mil exemplares, entre 1904 e 1914 –, prova, ao contrário, que o gênero continuava a seduzir e confirma o desenvolvimento das livrarias após 1894. No entanto, isso se dá bem aquém das realizações de seus vizinhos, particularmente alemães e ingleses, e a leitura nacional nunca atingiria as performances alcançadas nos países limítrofes.

Um atraso histórico?

Agora, para concluir, conviria falar do atraso histórico da França quanto à leitura e ao consumo de livros? De certa forma, é a constatação à qual chegava Patrice Cahart (1988) em seu relatório de 1987 ao Ministro da Cultura. Má distribuição, formação insuficiente dos profissionais de livrarias e abandono prematuro de fórmulas antigas mas úteis – o livro caro, por exemplo – levaram a edição a uma situação de crise. François Reitel é ainda mais severo quando compara "as bibliotecas universitárias da França e da RFA",[25] e todo professor universitário tenderá a lhe dar razão. Falta de espaço, créditos reduzidos ou irrisórios e locais mal adaptados são inconvenientes que se juntam para reforçar no estudante novato seu sentimento de exterioridade em relação ao livro impresso: este não lhe parece indispensável nem útil, e o curso ou a cópia xerox o substituem facilmente. Sem insistir por mais tempo sobre os argumentos de um debate que renasce com a abertura da "maior biblioteca do mundo" em Paris, mas lembrando que Claude Jolly, então diretor da biblioteca da Sorbonne, chegava ao ponto de denunciar, em 1988, a "mendicalização das BU",[26] é preciso recolocar

---

[25] *Le Débat*, n. 51, set./out. 1988: dossiê intitulado "Bibliothèques: la France et l'étranger".

[26] *Le Débat*, n° 51, set./out. 1988. Art. de Claude Jolly, "Sauvons la bibliothèque de la Sorbonne".

a relação dos franceses com o livro e a leitura em seu contexto, a fim de ajudar a compreender uma situação conflituosa.

Mais do que ver, com Marshall MacLuhan, o triunfo da galáxia Edson sobre a galáxia Gutenberg – depois de tudo, Villiers del'Isle-Adam prestou uma magnífica homenagem livresca ao engenheiro Thomas Alva Edison no *L'Ève future* –, acreditamos ter apresentado algumas das razões que explicam a lentidão dos franceses em aceitar o material impresso como um elemento indispensável à sua vida interior. Construção do Estado absolutista, Contra-Reforma, domínio da vigilância policial no século XIX, leis sobre o comércio ambulante, todos esses freios objetivos à propagação de uma cultura escrita se conjugaram, do século XVI à Segunda Guerra Mundial, para manter uma pressão constante, uma censura moral sobre o consumo dos romances. A literatura popular foi a principal vítima dessas vigilâncias sociais, e as condições nas quais a escola e as bibliotecas públicas se formaram no século XIX contribuíram, por sua vez, para desviar um público potencial dos produtos que a engenhosidade dos professores, dos livreiros-editores, ou de sua fome de lucro, colocavam permanentemente sob seus olhos a fim de tentá-los. Parece que agora podemos colocar a pergunta essencial de forma provocante: Quem temia a literatura popular? (KULHMANN; KUNTZMANN; BELLOUR, 1989).

Essa interrogação nos remete ao objeto deste estudo e ao papel dessa literatura destinada ao povo na evolução das casas editoras francesas no século passado, pois é preciso constatar, com os grandes profissionais da época, uma atitude comum e perigosa, que os levava a deter os autores, a controlá-los, a orientá-los pelo caminho do permitido, do moral, do educativo e do instrutivo, quando outras tendências os impulsionavam a explorar as zonas menos ortodoxas do imaginário. De Camille Ladvocat que, por meio de contrato datado de 1835 (MOLLIER, 1984), se autorizava a rever os manuscritos de Henriette Arnaud, senhora Reybaud, a Pierre-Jules Hetzel, que recusava os desvarios de Júlio Verne (ROBIN, 1988, p. 283-301), passando por Michel Lévy, que ansiava por se aproveitar do sucesso de *Fanny* e de *Daniel*, de Ernest Feydeau, e admiti-lo em seu elenco, mas com a condição de que ele moderasse seu excesso de imaginação erótica, ou

Louis Hachette e François Buloz, para quem a Condessa de Ségur e Victor Cherbuliez representavam o máximo do tolerável em matéria de moral, é evidente que existe um vínculo. O controle social das mentes, a normatização da vida cotidiana foram aceitos, integrados a uma orientação profissional, e o romance se ressentiu disso, conseguindo, em certos momentos, derrubar as barreiras, com o realismo e o naturalismo no começo da 3ª República, o novo sensualismo de André Gide, trinta anos depois. Mas essas conquistas não viriam encobrir, parcialmente, a pobreza de tantas construções romanescas do século XX? Não seriam elas esclarecedoras, enfim, ao menos parcialmente, da dificuldade, hoje tão condenada nos escritores nacionais, em ultrapassar os limites de sua França metropolitana e em exprimir os grandes temas universais da humanidade?

SEGUNDA PARTE

A INATINGÍVEL BIBLIOTECA DO POVO

CAPÍTULO II

O manual escolar e a biblioteca do povo

"Aquele que é senhor do livro é senhor da educação", exclamou Jules Ferry em 5 de maio de 1879, perante a comissão de exame de livros clássicos do Ministério da Instrução Pública.[1] Dez anos mais tarde, uma resolução assinada em 29 de janeiro de 1890 torna obrigatório o uso de manuais escolares nas classes da escola primária. A partir de então, em princípio, nenhum aluno escaparia à escolarização e à aculturação pelo livro. Pelas curvas grafadas por Alain Choppin, a edição escolar participou animadamente desse esforço sem precedentes, pois ao patamar de 200 títulos anuais obtido em 1865-1867 sucedeu um segundo de 500 publicações em 1872-1875 e depois um pico de 933 títulos em 1883 (CHOPPIN, 1992, p. 85). No que se refere às tiragens, dispomos apenas de sondagens, mas elas são eloqüentes e confirmam esse crescimento brutal do material impresso destinado a empanturrar os filhos do povo com conhecimentos elementares. Um único livreiro, Armand Colin, teria vendido 50 milhões de volumes entre 1872 e 1889, em uma época em que os batalhões escolares engajavam cerca de 4,8 milhões de crianças no primário (PROST, 1977). Se partirmos desse efetivo de 5,8 milhões de exemplares distribuídos em 1882-1883 por esse audacioso capitão de indústria, teremos a impressão de que toda a França fora assaltada por suas produções e que foram bem raros os que conseguiram escapar à sua leitura.

[1] Archives nationales, F 13 955, citado por CHOPPIN, 1992, p. 22.

Além das estatísticas, o que nos interessa aqui é esboçar os contornos daquilo que será preciso analisar um dia em termos de revolução cultural. Uma outra indicação nos ajuda nisso. Se confiarmos nas pesquisas organizadas por Frédéric Le Play (entre 1857 e 1895) dois terços das famílias operárias do final do século possuíam livros, fisicamente presentes em suas casas. As obras escolares representavam 40% do conjunto, ou seja, o dobro dos livros de devoção. Não nos estendamos demais: a pobreza da amostra – 55 alvos familiares – não permite qualquer conclusão definitiva. A título provisório, conservemos esses elementos como uma sondagem não científica, que ilustraria o avanço do impresso escolar nas camadas menos favorecidas da população. Faltaria, para termo de comparação, um outro suporte sobre o meio rural, principalmente sobre os camponeses, para que se pudessem estabelecer algumas afirmações, mas a estatística nada diz a esse respeito. Na falta de algo melhor, repetiremos as cifras precedentes: cerca de 700 manuais foram editados na França de 1875 a 1895, e os milhões de volumes que enriqueceram Armand Colin, Fernand Nathan, Louis Hachette e seus concorrentes foram espalhados pelas zonas mais remotas do país. A obrigação de se possuir essas ferramentas tornou-se uma realidade a partir de 1880, dez anos antes de se promulgar a resolução supracitada, e Jules Ferry conseguira o butim da batalha do livro que iria tumultuar entre 1870 e 1900.

Falar em mudança de práticas e de hábitos não é suficiente; nossa proposta é estudar, em termos de ruptura, de revolução, os anos que precederam a *Belle Époque*. Aparentemente, foi no âmago da grande depressão econômica que abalou o mundo entre 1873 e 1895 que aquela revolução ocorreu, como se seu objetivo secreto fosse rir das aproximações quantitativas, das causalidades deterministas e dos esquemas do pensamento econômico. No momento em que chega a faltar alimento, em que o trabalho torna-se escasso nas cidades industriais, em que o êxodo rural impele para as cidades o excedente da população agrícola, o maná espiritual tomba do céu e o Estado se preocupa em socializar as massas de homens até então pouco familiarizados com a propriedade privada do livro. Os netos de pai Sorel devem aceitar a idéia, absurda sessenta anos antes, de que o filho de um carpinteiro dedique algumas horas diárias para devorar um livro de leitura, de história, de geografia, de cálculo, de gramática ou de educação cívica. Acabara-se o problema de Julien subir em uma árvore sob risco de ouvir perseguindo-o a injúria suprema: "Chien de lisard!".[2] Doravante, o chicote, a bofetada servirão mais para incentivar o contato com o material impresso do que para afastá-lo como algo diabólico ou escandaloso.

Se admitirmos que, nessa época, uma etapa do processo civilizatório foi vencida, será necessário reler esses pequenos volumes em uso no período que precede a guerra, para tentar compreender qual era a bagagem cultural mínima de um futuro soldado de 1914. Como fizera Martyn Lyons (1987, t. III, p. 436) com respeito ao romantismo, "excrescência fugidia de uma onda, sobre um oceano de classicismo e de catolicismo", convirá, sem dúvida, reconhecer que o verdadeiro, o autêntico livro popular do século XIX foi o livro clássico, mas agora o adjetivo será entendido no seu sentido original, ou seja, o volume especialmente concebido para uso escolar.[3] Com Roger Chartier, não poderemos esquecer que, passado o estágio de contagem, da pesquisa em série, resta enfrentar a delicada questão da constituição do sentido, do "encontro entre o texto e o leitor" (VAILLANT, 1992, p. 295-297), o que implica abordar a questão, mais perigosa, dos dispositivos da leitura. Nesse aspecto, os estudos falham, apesar dos preciosos conjuntos de testemunhos dos professores primários, recolhidos por Jacques e Mona Ozouf (1992). Pode-se tratar a França como uma entidade uniforme ou deve-se levar em conta a diversidade de regiões assinalada por Eugen Weber (1983)? Os jovens de Auvergne reteriam a mesma lição de geografia inspirada por Pierre Foncin que os da Normandia ou do Jura? Os exercícios de gramática de Larive e Fleury, distribuídos em promoção a cada professor, e com um milhão de exemplares comercializados em 1882-1883 por Armand Colin, produziriam uma reflexão idêntica no sul da França e na fronteira com a Alemanha? O mergulho na corrente da ideologia, incentivado por esses textos, corre o risco de ser uma atitude perigosa, se levarmos Roger Chartier em consideração, já que essa investigação

---

[2] STENDHAL. Le Rouge et le Noir, cap. V da primeira parte.
[3] Para os problemas de metodologia, ver VAILLANT, 1992, p. 191-214.

elimina o leitor, ao supô-lo uniformemente receptivo às idéias, mas não podemos ignorar esse aspecto, pois, do mesmo modo, ele provoca as duas guerras de manuais escolares ocorridas na época.

Da codificação das séries escolares à apreensão da cultura clássica, da pesquisa quantitativa ao estudo qualitativo, as dificuldades são inúmeras. No entanto, nos propomos a balizar o percurso para trabalhos mais aprofundados e, se possível, regionais. Ao ressaltarmos o caráter massivo, nacional, da revolução cultural que faz com que, após 1870, o livro penetre em todas as camadas da sociedade, podemos destacar uma ruptura cronológica. Os métodos de Guizot e os de Duruy para alfabetizar os franceses, fazê-los ler, escrever e contar, foram benéficos em sua época. As incitações do primeiro levaram a livraria Hachette ao primeiro lugar dos editores escolares, o que traduzia seu título de livreiro da Universidade Real da França, concedido em 1836 (CHOPPIN, 1989; MOLLIER, 1999c). Elas parecerão irrisórias, contudo, quando compararmos os resultados de vendas de 1831-1835 com os do decênio 1875-1885. Tudo se modifica com a instalação da 3ª República porque trata-se, a partir de então, de um fenômeno de massa, ao qual não escapa nenhum cidadão. As municipalidades se identificam com os indivíduos, e os mais destituídos, sob o ponto de vista financeiro, não são colocados à margem da aculturação por meio do manual elementar. Dessa forma, o romance-folhetim, o livro prático, o volume a preço baixo, que entravam anteriormente na categoria de obra popular, são ultrapassados pelo livro de classe, ficando muito atrás na corrida por melhores tiragens. Compreender a ruptura que se produz então, exige, portanto, concentrar-se totalmente nessa cultura do povo que materializa sua biblioteca pessoal, essas cinco ou seis obras que a lei o obriga a possuir dos seis aos treze anos.

Os professores primários nacionais, Lavisse, Larousse e os outros

Fascinado pelos números de tiragens registrados pelos volumes da *Histoire de France* de Ernest Lavisse, Pierre Nora o decretou professor primário nacional (*instituteur national*) no primeiro volume do *Lieux de mémoire* (1984, t. I). O capítulo dedicado ao "papa e marechal da Universidade" começava com estas palavras significativas:

"Autor de um manual escolar que difundiu, através de milhões de exemplares, um evangelho republicano até a choupana mais humilde" (p. 247), Lavisse foi "um supermestre" da República, após ter sido filho espiritual de Victor Duruy e professor particular do jovem príncipe imperial. Ao publicar o segundo volume, Ferdinand Buisson lhe escreveu manifestando sua admiração. O diretor do ensino primário compreendera a lição dada por seu ministro: aquele que se apropriasse do livro dominaria a educação. Seu comentário entusiasta o diz de uma outra forma: "Ai está, o livrinho de história verdadeiramente nacional e verdadeiramente liberal que nós pedíamos para servir como instrumento de educação" (p. 265). Como geralmente acontece, o pensamento do discípulo é menos contido, menos sutil que o do mestre, e Buisson deixou extravasar sua alegria. Com essa ferramenta que se assemelha a uma ordem mal disfarçada, o novo regime partira em conquista das almas sem a necessidade de impor o livro único, reverenciado pela Revolução Francesa e pela Restauração (MOLLIER, 1989, p. 11-35). Os arquivos da Casa Armand Colin estudados por Caroline Duroselle (1991) confirmam o êxito exemplar de Lavisse. Iniciando nessa empresa em 1876, com *Les Leçons préparatoires d'histoire de France,* para uso dos iniciantes, em 1889 o autor fetiche já tinha vendido cinco milhões de volumes de sua série. Apenas para a temporada de 1882-1883, Lavisse totalizava na Armand Colin 540 mil livros de história e 244 mil manuais de educação cívica, publicados sob o pseudônimo de Pierre Laloi (DUROSELLE, 1991, p. 53). Esses registros deveriam fazer empalidecer de inveja a companhia Hachette, na qual a coleção Bled culminou em 1967 com 610 mil exemplares, ou seja, menos do que os 784 mil volumes de Lavisse em 1882-1883.

No entanto, no desfile de valores incontestáveis, os professores de gramática Larive e Fleury encontram-se bem à frente de seu colega historiador. Com um milhão de obras em 1882-1883 e 12 milhões vendidos entre 1872 e 1889 eles ultrapassam Pierre Foncin, o geógrafo, que totalizou 11 milhões entre 1874 e 1889, e Pierre Leysenne, cuja aritmética já creditava seis milhões de exemplares por ocasião do centenário da República (DUROSELLE, 1991). Na média duração, a classificação sofre poucas variações. Em 1920, Larive e

Fleury se equivaliam a Pierre Foncin: 26 milhões de livros realmente vendidos por Armand Colin. Leysenne alcança o montante de 15 milhões, Lavisse, o de 13 milhões, Guyau e seu *Cours de lecture*, nove milhões. Vidal-Lablache não tem motivos para sentir inveja. Os 800 mil mapas-murais distribuídos pelo país foram adquiridos pelas escolas e eram vistos, estudados, comentados pela maior parte dos professores primários e seus alunos. Essa avalanche de estatísticas ocupará, provisoriamente, as mentes. Sua autenticidade é indubitável, porque as cifras mencionadas pelo editor na época da Exposição Universal de 1889 são corroboradas pelo livro de contabilidade encontrado com a família do proprietário.[4] As cifras nos informam sobre a explosão da edição escolar entre 1875 e 1890, na verdade até 1914. Ela não esperou pelo voto das Leis Ferry para decolar. Como sempre, ela precedeu a codificação da Lei e se apoiou nela para confirmar os resultados registrados anteriormente.

A história da edição escolar confirma amplamente esse milagre. Charles Delagrave se instalou em Paris em 1865, Armand Colin, em 1870, Henry Vubert, em 1876, Alexandre Hatier e Fernand Nathan, em 1881. Este último, como Armand Colin, havia se iniciado com Delagrave, mas preferiu atacar o setor – ou segmento de parte do mercado – de material escolar, enquanto seus aprendizes lhe arrebatavam o campo do manual, que disputavam com a Hachette & Cie. Antecedendo à reforma de ensino cara a Jules Ferry, eles haviam compreendido que surgia uma nova era, a da alfabetização e da escolarização em massa. A hora era de ir em busca dos que estavam em desvantagem, e os filhos de camponeses pobres, ou as filhas do campo e da cidade, não seriam poupados por esse vagalhão. Chegara o tempo dos educadores da nação, e os livreiros, transformados em editores, donos poderosos de oficinas pretensiosas, reinariam sobre os mentores do povo, encarregados de preparar as lições, que eles iriam difundir até o vilarejo mais desvalido. O término do século XIX anunciava a massificação da cultura, preliminar à da vida política. Lavisse não foi senão um dos 10 ou 20 heróis dessa competição, no mesmo patamar que Pierre Larousse, morto em 1875, cuja

---

[4] Ver também a *Notice*, impressa pela livraria Armand Colin durante a Exposition Universelle, Paris, Imp. Capiomont, 1889.

obra prima, o *Grand Dictionaire universel du XIXe siècle*, plagiado permanentemente por jornalistas e professores, romancistas e intelectuais de toda ordem, penetrava profundamente, por meio de inúmeros canais, no espírito dos franceses.[5]

Uma mulher os havia precedido nessa caminhada, Augustine Fouillée – a G. Bruno na literatura –, que confiou à casa Belin o seu *Tour de la France par deux enfants – devoir et patrie*, em 1877. Com uma vendagem média de 300 mil volumes por ano, o livro de leituras totalizou três milhões de exemplares em 1887 e não deveu nada ao voto das leis republicanas. Em 1900 ele alcançou o limite dos seis milhões, mas perdeu o fôlego após essa data e a revisão militante do conteúdo em 1905. Esses números são conhecidos, mas o que se sabe menos é que a livraria clássica Eugène Belin era uma empresa católica, cujo autor de destaque era o abade Drioux, quando o futuro *best-seller* de Mme Fouillée lhe foi confiado. Com um catálogo de 59 títulos, escritos entre 1844 e 1877, o eclesiástico polígrafo assegurava à viúva de Eugène Belin uma difusão garantida nas escolas da congregação (GUILLAUME-COURTEILLE, 1991). O imprevisto nessas circunstâncias foi a adoção, pelas escolas laicas, de um texto oferecido às crianças das escolas religiosas. Seria preciso, aliás, esperar os ataques da *Revue socialiste*, em 1889, para que a identidade de Mme Alfred Fouillée fosse revelada. Na Belin, o livro *Francinet - principes de morale de l'industrie, du commerce et de l'agriculture*, publicado em 1869, havia precedido o sucesso do *Tour de la France*, cuja capa mencionava este livro de leitura corrente entre os títulos de glória da escritora. Até 1898, ele obteve 103 edições, consistindo, sem dúvida, mais de reimpressões do que de revisões, mas ele havia possibilitado que se avaliassem as qualidades de uma autora que os colegas teriam adorado arrancar da velha casa parisiense fundada em 1777.

Professora primária de uma província da França, Mme Fouillée soubera encontrar o tom apropriado que satisfizesse as crianças de um país machucado pela guerra. A Liga dos Patriotas, fundada por Henri Martin em 1882, originava-se de uma inspiração bem próxima.

---

[5] Ver a contribuição de Mona Ozouf à obra *Pierre Larousse et son temps* (MOLLIER; ORY, 1995, p. 95-102)

Dominada pela personalidade do poeta cancioneiro Paul Déroulède, a primitiva organização reuniu as incontáveis sociedades de tiro e de ginástica criadas após a derrota de 1870 (BERSTEIN, 1992). Encarregada de moldar a juventude e prepará-la para a revanche, ela não perseguia outro objetivo antes de sofrer uma reconversão anti-republicana no tempo do boulangismo. Podemos imaginar que os primeiros leitores do *Drapeau* amassem ver seus filhos mergulhados no *Tour de la France*, cujo périplo começava em Phalsbourg, cidade guia da divisão ocorrida com o Tratado de Frankfurt, pátria de Emile Erckmann e Alexandre Chatrian. A escolarização já maciça na França em 1877 encontrava, portanto, nesse contexto político, uma voz capaz de lhe falar sobre os sofrimentos do desmembramento e do desenraizamento. A autora dos manuais escolares, quer ela tenha desejado ou não, iria assim se enraizar no interior de inúmeros lares e participar dessa revolução de hábitos e práticas culturais com a qual Renan, em *Réforme intelectuelle et morale,* não havia sequer sonhado.

Ao lado de Larousse, G. Bruno, E. Lavisse, P. Foncin, Larive e Fleury, Leysenne, Guyau e Vidal-Lablache, outros redatores de obras escolares com altas tiragens viveram a mesma aventura. Na Hachette, o início se deu um pouco mais tarde, e as coleções Gauthier-Deschamps só entraram na competição em 1904. A Nathan viveu maiores dificuldades em seu começo, mas Ammann e Coutant, em história, foram continuamente reimpressos (WEILAND, 1991). Não enumeraremos a lista exaustiva desses educadores nacionais, pois faltam estudos sistemáticos comparativos sobre as tiragens dos manuais nas editoras escolares. Notemos, simplesmente, que a empresa Armand Colin é forte nesse setor do mercado. Com uma centena de títulos editados ou reimpressos em 1895, ela detém 20% da produção expressa em número de títulos e mantém essa primazia em 1900, quando a tendência é de baixa. Os 50 milhões de livros comercializados entre 1872 e 1889 atingiram a quase totalidade das crianças escolarizadas. Ao reunir ficticiamente os efetivos escolares do primeiro ciclo desses 17 anos, obteremos cerca de 55 milhões de crianças, o que significa, teoricamente, cinco a seis vezes a mais de volumes. Entretanto, o cálculo é enganoso, porque, em múltiplas localidades, as obras adquiridas pelas municipalidades são emprestadas, e não doadas aos escolares. Se os 55 milhões de efetivos somados nos 17 anos tivessem realmente comprado de cinco a seis manuais por ano, a França teria absorvido de 250 a 300 milhões de obras, o que esteve longe de acontecer, tanto mais que os livros se destinavam a um nível – preparatório, elementar, médio –, e não a uma classe. Destacaremos apenas desse apanhado o inegável sucesso de um editor, cujas publicações inundaram a França. Ler seus destaques, os preferidos de seu acervo, é, por conseqüência, estudar os textos que foram livros populares, conservados por muito tempo ou indefinidamente nas famílias mais humildes – o esboço, de alguma forma, de uma biblioteca popular.

Antes de tocarmos nesse assunto, deixemos claro ainda que, para esse profissional, assim como para os melhores de seus concorrentes, a racionalização dos métodos de venda determinou uma autêntica estratégia ou política editorial. Desde 1885, 150 empregados se agitavam dentro da empresa, divididos em 16 serviços compartimentados e perfeitamente definidos: fabricação, publicidade, assinaturas, secretariado, contabilidade, expedição, etc. O diretor havia conhecido Lavisse e Foncin na *guarde mobile* em 1870 e percebeu que a redação de manuais destinados ao primário exigia um enquadramento particular. A partir de 1872 ele inovou, enviando para cada escola um exemplar de suas obras. Estas últimas foram objeto de uma reflexão elaborada, e as coleções reagruparam os volumes em que o formato, a tipografia, a ilustração possuem nítida semelhança (DUROSELLE, 1991). Todavia, a prioridade foi dada à orientação dos redatores. O tempo da improvisação havia passado e, uma vez que a lei de 16 de junho de 1880 devolveu aos professores primários, reunidos em comissões cantonais, sob o controle da comissão departamental, a escolha das obras, cuidou-se da conquista de assinaturas acadêmicas autorizadas. Jean-François Mazaleyrat estudou esse aparecimento súbito de novas notoriedades no catálogo das editoras. Seus números são eloqüentes mesmo que só digam respeito à disciplina de história. Em 22 manuais de história utilizados no primário entre 1873 e 1893, oito foram redigidos, quase em sua totalidade, por professores atuantes nos grandes liceus parisienses, *agrégés* e normalistas, quatro por universitários, quatro por inspetores e altos funcionários da administração, e apenas um por um professor primário (MAZA-LEYRAT, 1998). Os títulos individuais, cuidadosamente citados na capa dos volumes, indicam a qualidade do conteúdo, e os editores recrutavam seus autores em função de sua notoriedade ou de sua aptidão em provocar uma reação de confiança entre os utilizadores e, sobretudo, os que decidiriam a compra. No período de 1894-1922, presenciaremos uma colaboração mais estreita entre inspetores e professores, o que traduz um reforço discreto do controle dos livros pela administração central.

Auxiliado por esses zelosos servidores da ordem universitária, cercado por professores altamente reputados por seus trabalhos, Armand Colin se sentia seguro em encontrar, entre os educadores, auxiliares preciosos para seu trabalho. Nas comunidades desprovidas de livrarias clássicas – que eram a maioria – era lícito transformar o *hussard noir*[6] em vendedor de obras, e para isso lhe era concedida uma porcentagem. Para a municipalidade daria no mesmo conceder o empréstimo gratuito dos volumes, o que provocava periodicamente a cólera do sindicato dos livreiros, mas não interrompeu de modo algum essa prática até 1914. Todos esses ajustes à massificação da cultura escolar explicam, por conseqüência, a extensão das cifras citadas, justificando a ruptura assinalada por volta de 1875. As encomendas do Estado a Louis Hachette em 1832-1835 – um pouco além de um milhão de obras – e a difusão da *Petite Histoire de France* de Mme de Saint-Ouen – 2,2 milhões de exemplares vendidos entre 1832 e 1880 – fazem, então, o papel de parentes pobres em relação às dezenas de milhões de livros espalhados por um editor sobre todo o território antes de 1889. Assim, procuraremos propor, a partir desse singular acervo de obras, uma decifração do mínimo de cultura adquirida na escola por um francês adulto em 1914.

Os livros do povo: leitura, gramática, aritmética, geografia, história, e educação cívica

A fim de comparar obras da mesma natureza, selecionamos manuais de curso médio, destinados a crianças de nove a 11 anos e,

---

[6] *Hussard noir* era o apelido dado aos professores primários sob a 3ª República. A designação dizia respeito à cor negra e austera das vestimentas desses professores saídos das Escolas Normais.

em princípio, impressos entre 1880 e 1900. Na falta de um depósito sistemático na Bibliothèque Nationale, preferimos as coleções do INRP[7] às microfichas e aos microfilmes daquela instituição. Elas oferecem a vantagem de poderem ser manuseadas, tocadas, estudadas, em condições próximas àquelas em que eram postas em circulação no país. O livro *La première année de lecture courante*, sub-intitulado "Morale. Connaissances utiles. Devoirs envers la Patrie" traz o interesse de nos inserir imediatamente no universo mental dos empresários da moral do século XIX. Professor no Liceu Fontanes, laureado pelo *Institut*, Jean-Marie Guyau vê rapidamente seu manual adotado pelo ministério, para as bibliotecas escolares, e pelas escolas municipais das grandes cidades, "Paris, Lyon, etc.", diz a capa.[8] Dividido em três partes bem distintas, associa leituras instrutivas e exercícios práticos, destinados a verificar a compreensão do leitor. Anterior ao voto das leis laicas e à expulsão dos membros de congregações da escola pública, o volume não ignora de forma alguma a existência de Deus, mas é voluntariamente discreto a respeito dos clérigos. "Façamos o bem e esperemos em Deus" resume a quarta narrativa, na parte consagrada aos preceitos morais. A seguinte se destina a propagar os conhecimentos úteis, eletricidade, gás, invenções, etc., enquanto que a última define os deveres de cada um para com a sociedade e a pátria.

 O heroísmo de Joseph Barra é exaltado a partir da introdução, precedendo Appius e Constance de Cezelli. Com a caixa econômica e suas benfeitorias, somos rapidamente introduzidos no cerne das preocupações sociais. Um manifesto hostil à sociedade de consumo, no entanto futuramente bem distante, conclui esse estudo: "Nunca compre o que lhe for inútil sob o pretexto de ser barato". A frase tem o mérito de projetar diante dos nossos olhos uma economia doméstica na qual a moeda era rara, difícil de ganhar, e a despesa monetária era sempre suspeita. Recusando a luta de classes e o ódio do rico pelo pobre, o tratado exalta a prudência das sociedades de ajuda mútua, não transformadas em sindicatos, e a dos fundos de

---

[7] Agradecemos a Alain Choppin que facilitou nosso acesso a esses preciosos volumes conservados na INRP.

[8] Décima segunda edição. de 1880, in-12 de 136 páginas, ornada de pequenas gravuras.

aposentadoria. O amor pela pátria é glorificado incessantemente, mas sem ostentação ou exagero. O volume se fecha, no entanto, com a história edificante de Suzanne, fuzilada pelos prussianos em 1870 por ter se recusado a trair os seus. Entre Barra e Suzanne, o dever do jovem francês estava completamente traçado: útil à sociedade, trabalhador e econômico, amante de seu país, ele se sacrificará, se for o caso, pela República. Bem escrito, alerta, divertido, mas sistematicamente utilitário, o livro de leitura corrente de Jean-Marie Guyau é um modelo no gênero.

O *La Première Année de grammaire* atingiu sua 86ª edição em 1887.[9] Refeito em 1882 para se ajustar aos novos programas, esse livro pretendia oferecer à criança "uma espécie de manual elementar da língua francesa". A segunda noção preliminar analisa as palavras à luz de três exemplos: "Deus, crianças, animal". Ilustrações de nomes próprios, "Adão, Eva, Paris, o Sena", completam esse recurso a uma religião cristã que servia de base para se incutir regras morais ao alcance do aluno iniciante. O apelo ao bom senso, as referências sistemáticas à natureza, aos objetos familiares, colocam o leitor em contato direto com seu ambiente imediato. Os preceitos visam a elevar a alma e freqüentemente se apóiam nos ensinamentos da Igreja. O exercício 33 declara o seguinte: "O pecado procura nos seduzir com aparências agradáveis; saibamos resistir a seus engodos e lembremo-nos que não se deve julgar as coisas, nem as pessoas, pela aparência." Muito austera, essa gramática que percorreu a França defende a moral tradicional, exalta o trabalho, o senso de economia e, também ela, as caixas econômicas.

Complemento dessa obra, o *Dictées de première année* reúne 300 textos destinados, como os exercícios de gramática e as redações que os acompanham, a fazer com que os alunos adquiram "noções úteis sobre todas as coisas, tanto sob o ponto de vista da educação quanto de instrução propriamente dita".[10] Mais republicanos que no volume precedente, Larive e Fleury optaram, nesse livro do professor, por Joseph Reinach contra Georges Clemenceau no debate aberto sobre a Revolução Francesa em 1891. Mme Roland é citada duas

---

[9] In-12 de 148 páginas.
[10] Livro do professor; in-12 de 304 páginas, 1900.

vezes, e sempre de forma positiva, o que deprecia os que a executaram. Charles Martel, Louis XIV, Pierre le Grand, Bayard e Hoche estão, juntamente com ela, no panteão das celebridades históricas, que exclui, evidentemente, Robespierre e Saint-Just. A pátria ocupa um lugar central nessa compilação, mas os textos que falam sobre ela não são muito numerosos. Victor Hugo, Émile Souvestre, Ludovic Halévy, Jules Claretie, Chateaubriand, Delille são os mais conhecidos. No entanto, Georges Duruy, Paul Bert e os próprios autores vão mais longe que os grandes escritores na incitação ao preparo direto do corpo e do espírito para a desforra. Assim, Larive e Fleury definem a França como "um só corpo, uma só alma" e declaram que, mesmo tão vasto, o país sofre por estar mutilado. Mais direta ainda, uma alusão à Alsácia-Lorena coloca em cena um órfão de oito anos a quem a mãe faz jurar vingança pelo pai, morto pelos prussianos em 1870.

O *La Première Année d'arithmétique* de Pierre Leysenne[11] prepara os espíritos para o mesmo combate ao colocar os cálculos a serviço do exército. Convida-se o aprendiz contábil a calcular o número de cartuchos necessários em um regimento, sempre insistindo na importância das operações feitas de cabeça. A economia e as caixas econômicas estão no centro das preocupações do autor, que dedica as últimas páginas de sua obra a esta instituição popular. Pelo fato de os operários e empregados não poderem "obter empréstimos nem colocar seu dinheiro em um banco" é que é preciso que tenham o hábito de depositar "suas pequenas economias" na caixa econômica, como a família Gouget do *L'Assommoir*. Com o estímulo à honestidade, à prudência, ao rigor na contagem, no peso e na medida, a aritmética é, deliberadamente, posta a serviço da sociedade. Os problemas são simples, fazem apelo ao bom senso, ao discernimento e ao utilitarismo. A economia e a previdência devem moralizar o futuro trabalhador, mais bem equipado para enfrentar as exigências de uma nação que se transforma.

O *La Première Année de géographie* de Pierre Foncin[12] já prepara para o certificado de estudos, indicando as questões e armadilhas que aguardam o candidato. Voluntariamente revanchista, o livro adota um

---

[11] In-12 de 144 páginas.
[12] In-12 de 52 páginas. 1900.

estilo militante, muito agressivo em relação à Alemanha. A propósito do relevo da França, é dito que "depois da perda da Alsácia-Lorena, a área não tem mais que 529.000 km²". Na rubrica "França administrativa", o autor escreve: "Desde 1871, a população da França aumentou em três milhões de habitantes, a da Alemanha, em 14 milhões". Um capítulo trata da defesa militar, do serviço ativo, três anos antes de 1905, e de perdas ocorridas em 1871: a Alsácia agrícola e a Lorena industrial, as duas jóias da nação, em se crendo no que é dito. A lealdade dos alsácio-lorenos é exaltada, e a França, defensora do Direito, é oposta à Prússia, pátria da força brutal. A conclusão surpreende, no entanto, por sua clareza e veemência: "E quando a Alsácia e a Lorena voltarem a ser francesas, será uma grande alegria o retorno à pátria de províncias das quais lhe foi levado o território, mas cujo coração ainda lhe pertence."

O capítulo "Colônias" é mais discreto, já que o colonizador deve "se fazer perdoar por suas conquistas por meio de benfeitorias, ou seja, instruindo os indígenas, tratando-os com justiça e humanidade", o que não teria sido tão mal se a lição tivesse sido compreendida pelos administradores, os militares e os negociantes. Republicano, engajado, esse manual não ousa, no entanto, convocar uma reforma do ensino secundário, aberto aos vencedores da competição por mérito. Pensa-se, na verdade, o ensino primário como aquele que oferece a todos "os conhecimentos indispensáveis", enquanto que o secundário é reservado ao "homem culto". Ao trabalhador, a honestidade servirá de programa, fortificará as instituições e transformará todas as crianças em "bons pais de família" e em "bons cidadãos". Impressionado pela ordem moral antes de 1877, Pierre Foncin não escondia suas idéias, mas, alto funcionário acadêmico, presidente da Aliança Francesa, que ele havia fundado, inspetor geral e diretor honorário do ensino secundário, ele tinha por meta preparar abertamente os espíritos para a desforra, o que se costuma buscar mais nos manuais de história do que nos seus homólogos de geografia.

Vamos nos estender menos sobre o *Première Année d'histoire de France*[13] de Lavisse, uma vez que Pierre Nora, Christian Amalvi e

---

[13] In-12 de 240 páginas, publicado em 1884.

vários outros, analisaram amplamente esta obra.[14] Destinado às escolas primárias e às classes elementares dos liceus, ele é ornado com 95 gravuras, 14 mapas, e acompanhado de resumos para serem decorados, bem como de lições de redação. Hino ao progresso e à liberdade, ele insiste na criação contínua da nação francesa, dos grandes reis à Revolução Francesa. Segmentado em sete livros, e, no interior desses capítulos, em 910 narrativas curtas que se assemelham a versículos, ele exige dos mestres que transformem suas lições em sessões solenes de exaltação do sentimento patriótico. A aridez está excluída da apresentação da história nacional, dando lugar ao sentimento, único modo capaz de preparar para a revanche. Os últimos parágrafos o afirmam claramente: "*L'histoire de la France* mostra que em nosso país os filhos sempre *vingaram as derrotas** de seus pais!". Dois exemplos o provam: Charles VII após Crécy, Poitiers e Azincourt, a Revolução após Louis XV. Também, o versículo 910 é desprovido de ambigüidades:

> É a vocês, crianças, hoje alunos em nossas escolas, que cabe vingar seus pais, derrotados em Sedan e Metz. É seu dever, o grande dever de suas vidas. Vocês devem sempre pensar nisto, e quando tiverem 20 anos, e pegarem em armas, sejam *bons soldados, bem obedientes a seus chefes, firmes e bravos sobre o campo de batalha.**

Se acrescentarmos que as lições de Pierre Laloi, a cópia em educação cívica de Ernest Lavisse, caminham no mesmo sentido, que o *Tour de la France par deux enfants – devoir et patrie*, de Mme Fouillée, arranca lágrimas aos escolares abalados com os infortúnios de André e Julien (OZOUF; OZOUF, 1992, p. 291-321), teremos compreendido que o culto da desforra não foi apenas um conceito ilusório na escola laica da 3ª República. Ninguém se surpreenderá com isso, mas tentamos mostrar que essa orientação impregnava não apenas os livros de história, o que era esperado, mas, o que é mais importante, os manuais de gramática, leitura, geografia, e mesmo aritmética. Sobretudo, essa volta pela biblioteca portátil do escolar francês dos anos 1880-1900 nos esclarece sobre a significação do nacionalismo da época.

---

[14] Ver *Cent ans d'enseignement de l'histoire (1881-1981)*, número hors série da *Revue d'histoire moderne et contemporaine*, e os trabalhos de Paul Gerbold, *L'Information historique*, n. 3, maio/jun. 1965, assim como o colóquio de Créteil, citado nota 3, p. 55

* Itálicos do autor.

Contrariamente às clássicas observações de Raoul Girardet (1983), nossa leitura desmente a passagem de um nacionalismo a outro nesse período. Seria mais conveniente falar de superposição de dois nacionalismos, o de direita vindo se somar ao de esquerda, que recuaria muito menos do que se acreditou e se repetiu. Uma conversão aos profundos valores disseminados pela escola teria atingido os meios tradicionalmente hostis à República, sem que para tanto os partidários de Marianne passassem para outro campo

Se aceitamos essa interpretação, compreenderemos melhor as pesquisas de Jean-Jacques Becker sobre a opinião pública em 1914 e as de Rolande Trempe sobre a atitude contraditória dos mineiros de Carmaux, na mesma época, em relação a seus compromissos anteriores (BECKER, 1987; TREMPÉ, 1971). Com exceção dos líderes socialistas, dos militantes do sindicalismo de ação direta, dos dirigentes da CGT e dos companheiros anarquistas, o pessoal fichado de alguma forma no Carnet B, a massa dos franceses de esquerda, os republicanos de véspera, não foram abalados pela propaganda internacionalista. Certamente toda uma literatura proletária, da *Guerre sociale à Assiette au beurre*, tentou fazer recuar o chauvinismo e o patriotismo estreito. Ela visivelmente ganhou em audiência no interior das escolas normais e sensibilizou uma parcela dos educadores (*instituteurs*), que haviam se tornado pacifistas e partidários da solidariedade universal (OZOUF; OZOUF, 1992, cap. 5 e 6). A Ligue des Instituteurs Patriotes nasceu mesmo dessa crença, insuflada pela imprensa conservadora, em uma mudança radical de sensibilidade dos educadores (*hussards noirs*) em torno de 1890-1900. Na realidade, a se ater a uma leitura ideológica dos manuais mais utilizados, prevalece a impressão contrária. É mesmo de se espantar que a Alemanha, tão pronta a denunciar os ataques ou os escorregões verbais dos jornais, não tenha protestado com mais freqüência contra essa deformação caricatural do prussiano que saturava os livros escolares. As declarações explosivas do "Saint-Arnaud de café-concert", o General Boulanger, Ministro da Guerra na época do caso Schnaebelé, eram menos perigosas para o império de Bismarck do que o trabalho de solapamento feito pelo livro realmente popular, então, o manual escolar.

Além dessa impregnação de ideologia patriótica e revanchista, a massa de franceses encontrava em seus livros de classe uma imagem correspondente ao estado do país. O meio rural prevalecia de longe sobre a cidade e era minuciosamente representado nos volumes impressos pelos editores. A religião não estava ausente deles, pelo menos uma religião consensual, aquela que as mães traziam dentro delas e mantinham por mais tempo que os pais. A moral laica era amplamente inspirada nela, mesmo quando condenava a intolerância dos clérigos ou de seus ancestrais. Ao se desenvolverem, o anticlericalismo e o livre pensamento provocaram uma revisão nos livros escolares, mas ela se processará mais à superfície das coisas, em relação às alusões ostensivas demais à divindade, do que em sua profundidade. O nome de Deus desaparecerá, os santos retornarão ao paraíso e abandonarão o mundo dos manuais, provocando a irritação dos pais de família católicos.[15] No entanto, não haverá uma nova moral substituindo outra. A honestidade do trabalhador, o culto da família, a santidade do casamento, as virtudes da poupança, o respeito à ordem e às hierarquias sociais manter-se-ão como bem comum da escola. Em nenhum momento se verá despontar uma admiração pelo militante sindical, reconhecer o fundamento da luta de classes ou discutir os méritos comparados do capitalismo e do socialismo. Em nome da neutralidade, que Jules Ferry associará à laicização, o que perdurará será um modelo de sociedade tradicional, conservador sob o ponto de vista social, fortemente valorizado pelos veículos da aculturação. Ao se fixarem no deísmo, que consideraram ostensivo demais em certos livros, Gustave Hervé e seus amigos passaram à margem do essencial, no sentido que o manual assumiu a função que lhe foi atribuída, vinculando-se a suas orientações ideológicas principais.

Roger Chartier alertou contra o caráter deturpador, redutor dessa análise política. Ela supõe um leitor ideal, passivo, intercambiável, e esquece igualmente a atividade do professor, ateu, agnóstico, deísta, protestante, católico ou israelita. Ela não leva em conta as diferenças regionais, a influência familiar, a qual, hoje se sabe, impede que a escola cumpra sua missão quando esta lhe desagrada (PERCHERONT, 1994). Muitos fatores interferem na relação do leitor com o texto

---

[15] Sobre as duas guerras de manuais escolares, ver MAYEUR, 1966.

para que não se toque nisso. No entanto, essa é uma zona delicada, onde as turbulências são inúmeras. Em que material devemos nos apoiar para penetrar no cerne dessa dialética, que transforma um conjunto de frases em uma substância viva capaz de modificar a percepção do ser humano? Os relatos de vida, as autobiografias publicadas como testemunhos de época, as instruções pedagógicas voltadas para os professores primários e as lembranças desses heróis da escolarização de massa devem possibilitar o resgate de algumas diretrizes.

Vamos nos deter primeiro nos métodos de ensino do século passado, e, entre eles, na memorização do resumo, e na preparação dos ditados pelo professor. Nessas duas atividades, sabemos que a criança deveria fixar sua atenção nas palavras e se esforçar para compreender aquilo que lhe pediam para reter. Certamente o texto decorado e recitado como uma ladainha assemelha-se às respostas costumeiras do catecismo elaborado após a Contra-Reforma, mas, em história e geografia a implicação emocional do leitor corrigia o dispositivo mecânico da lição registrada passivamente. Na preparação ortográfica do ditado, realizada na véspera do exercício, o apelo à inteligência da narração era menos evidente. As *Mémoires* de Agricol Perdiguier testemunham as falhas do sistema educativo sob a Restauração, mas os trabalhos conduzidos por André Chervel na INRP mostraram que, desde o Segundo Império, e *a fortiori* sob a 3ª República, a correção ortográfica é a maior preocupação dos professores que fazem a preparação para o certificado de estudos, exame no qual eles têm a impressão de estarem sendo tão julgados quanto seus alunos.[16] Jules Ferry e Ferdinand Buisson insistiram na necessária variedade de um ensino que deveria se abrir para a modernidade e evitar a monotonia do utilitarismo estreito. Os estudos sobre a sobrevivência dos dialetos também provam o recuo geral desse uso, apesar das sobrevivências regionais marcantes, na Alsácia, na Bretanha, no Norte e na região basca.[17]

Tudo leva a pensar, portanto, que, ao se confrontar com as obras de Foncin e Lavisse, o estudante acabaria por desenvolver, dentro de

---

[16] Ver os artigos de André Chervel na *Histoire de l'éducation*, n. 38 e s.

[17] Sobre esse aspecto, ver o relato científico do serviço de história da educação no CNRS, 1989-1992, INRP, 1992.

si, amor pela pátria, ter orgulho de ser francês, de ser filho de uma grande nação, rica, poderosa e respeitada. Por outro lado, ignora-se qual pode ter sido o impacto dos educadores sobre a expansão das caixas econômicas. As cifras dos depósitos não são suficientes nesse domínio para demonstrar a relação entre o conteúdo dos manuais e a atração da poupança. De qualquer modo, a simpatia dos camponeses abonados pela Rússia, após 1891, é uma realidade, da qual se percebe o resquício no ódio que provocará o Estado russo de 1918, e depois a URSS de 1922, dada a recusa em se honrar as dívidas do czar. O sucesso dos empréstimos russos e das aplicações francesas nesse país – 12 bilhões de francos-ouro em 1914, ou seja 250 bilhões de francos em 2001 ou 38 bilhões de euros – talvez não se devesse apenas à propaganda da imprensa, cuja corrupção não era preciso demonstrar. A escola tivera sua importância na formação dos espíritos, particularmente nas zonas rurais, onde a palavra do professor primário tinha um peso muito grande. Sugeriremos, portanto, que foi responsável em parte, também, pela simpatia que despertavam as caixas econômicas no meio urbano, onde elas desfrutaram um desenvolvimento contínuo na *Belle Époque*. Retomamos, agora, por esse viés "a imagem piedosa", desenhada por Ferdinand Buisson, da criança que ensina seus pais, pequeno missionário da modernidade democrática (OZOUF; OZOUF, 1992, p. 40). As respostas ao questionário de Jacques e Mona Ozouf, aliás, confirmaram a presença de livros escolares nos meios populares, e, se o clichê precedente comporta certo estereótipo, ele não impede o decalque parcial de uma realidade sonhada e encorajada pelos altos funcionários da instrução pública.

Outra lição do estudo realizado por Jacques e Mona Ozouf diz respeito ao sincretismo de opiniões políticas republicanas. Se a idéia republicana, e mesmo socialista, se encontra misturada às idéias cristãs entre alguns professores primários pesquisados, é porque os manuais propunham essa moral consensual da qual falamos. Quer fossem chamados de pecado ou perturbação da ordem pública, atentado à integridade social ou fraqueza prejudicial à saúde da pátria, o roubo, a mentira e a fraude eram vilipendiados. Por outro lado, o modelo que o professor de escola representava, quando admirado, contribuiu para modificar, ao menos parcialmente, a mentalidade dos camponeses, para os quais os princípios da economia doméstica ancestral eram sagrados. Além disso, a persistência do casamento religioso entre a maioria dos professores primários confirma a ambigüidade de sentimentos dessa categoria social em relação à Igreja, mesmo após a separação do Estado após 1905. Talvez tenhamos insistido demais nos incidentes que tumultuaram os inventários em 1906 e esquecido que, em um bom número de regiões, o ensino do pároco não era ameaçado pelo do professor, apesar do respeito a uma laicidade que nem sempre assumia o aspecto tenaz do laicismo.

Sem multiplicar os exemplos, adiantaremos a idéia de que, no que diz respeito ao livro de classe, as objeções de Roger Chartier em relação a uma leitura ideológica de divulgação não se sustentam. Elas são verdadeiras em uma situação ou outra, particularmente nas zonas de resistência ferrenha à República, essas pequenas *"Vendées"* das quais se conhece o número, mas a maioria delas não desempenhou um papel tão importante. Da mesma forma, o estudo sistemático das instituições escolares poderia colocar em dúvida o sucesso do livro, mas, abstraindo-se as exceções à regra, minoritárias, vemos se delinear o evidente êxito da aculturação pelo manual, da revolução cultural parcial empreendida pela edição escolar e pelos poderes públicos entre 1870 e 1914. Conviria agora realizar um estudo aprofundado dessas obras mais divulgadas para perceber a extensão de seu impacto. Nesse esboço de programa, quisemos insistir na importância dos números, da série estatística das tiragens de manuais escolares, porque é isso que condiciona a validade da investigação científica. Os 50 milhões de volumes impressos e vendidos por Armand Colin entre 1872 e 1889 sinalizam uma mudança cultural, política e social. O livro penetrou em toda parte a partir dessa época e suplantou todos seus concorrentes.

Uma biblioteca do povo, conseqüência indireta da biblioteca escolar, se constituiu um pouco antes da *Belle Époque*. O dicionário, a enciclopédia, os quais sabemos que serão, por muito tempo, a aquisição preferida dos meios sociais pouco favorecidos, devem parte de sua ascensão ao desfile de sucessos da edição. A escola preparou os espíritos à sacralização do conteúdo dessas obras, e as municipalidades fizeram o resto, distribuindo abundantemente esses livros em entregas de prêmios ou de brindes oferecidos aos filhos do povo. O gosto persistente dos franceses pela história talvez tenha sido preparado por essa revolução de costumes, assim como o sucesso dos ditados de Bernard Pivot deve muito ao desenvolvimento da corrente ortográfica do século XIX. Sem dúvida, não se deve exagerar os paralelos, admitir que, em certas disciplinas, particularmente a educação cívica, as soluções de continuidade existem, mas elas não impedem a manutenção de persistentes tradições em outros setores.

Lá onde Michel Lévy tinha fracassado, em 1846-1856, quando afirmava peremptoriamente que "o reino do folhetim costurado a mão" havia terminado (MOLLIER, 1984, p. 106) e que a dona de casa desenvolveria o hábito de comprar romances a preço baixo, ao invés de recortar os rodapés dos jornais (THIESSE, 1984), Armand Colin e os editores escolares triunfaram em 1875-1895. Seu sucesso, no entanto, não foi total, e só atingiu uma larga escala no domínio estritamente utilitário. O livro de classe, o dicionário e a enciclopédia, a obra prática, conquistaram seus títulos de nobreza nesse período. O *Le Petit Larousse* ilustrado de Claude Augé demonstra essa ascensão em 1905. Ao lado dessas pesadas séries, a leitura de lazer e o romance comprado por prazer não alcançarão avanço comparável. Em terras cristãs, às vésperas do século XX, a revolução cultural estava, assim, incompleta, mas já havia começado e preparava a era das massas para a vida política, o que veio a ser uma de suas conseqüências mais evidentes.

CAPÍTULO III

O folhetim na imprensa e a livraria francesa no século XIX

Muito se escreveu sobre o nascimento e o desenvolvimento do folhetim na França, sobre a gênese e o crescimento do romance-folhetim, gênero totalmente à parte após 1836 (GUISE, 1975; QUEFFÉLEC, 1989; THIESSE, 1984). No entanto, não é inútil voltar ao tema do lugar e do papel do folhetim na evolução da imprensa e do comércio livreiro, porque tanto uma quanto o outro se modificam radicalmente a partir dessa época. O sistema técnico muda a partir dos anos 1830. A introdução do vapor no mundo das gráficas, das rotativas a partir de 1860, perturba as atividades tradicionais dos homens da tipografia. A questão do aumento das tiragens se resolve a partir de então, e a capacidade das máquinas praticamente permite responder a uma demanda de leitura em plena expansão. Ainda que a finalidade do jornal não seja a de oferecer obras de imaginação, de recreação, de divertimento a seus assinantes, dentro em pouco, a seus leitores ocasionais, o romance vai servir de chamariz para manter um público leitor cativo por dezenas de anos. A própria edição se aproveitará dessas circunstâncias excepcionais para substituir os jornais e lançar um segundo mercado de romance-folhetim, o da livraria propriamente dita.

Indicar as etapas desses processos é também explicar a constituição de um espaço europeu da literatura popular. Os periódicos e revistas britânicos foram pioneiros nesse movimento, mas a Alemanha, até o Novo Mundo, não escapam a esse fenômeno. Sem que tenha inventado o suporte material, o vetor do romance-folhetim, a França iria, no entanto, tomar a frente do movimento.

Diversas literaturas nacionais, na Itália, na Espanha, provavelmente na Suíça romana, talvez atualmente no Oriente Médio, se alimentaram dessa prosa antes de utilizá-la como um trampolim destinado a facilitar sua decolagem. O romance-folhetim francês se achava, assim, no centro de um vasto turbilhão que, em cerca de 50 anos, modificaria os hábitos dos europeus, criaria novas práticas culturais, ampliaria a esfera pública e contribuiria na formação de identidades cada vez mais semelhantes, massificando os comportamentos.

Abertura e fechamento do território francês às literaturas estrangeiras

A queda do Primeiro Império marca o início de um vivo movimento de curiosidade dos franceses cultos no que diz respeito às literaturas estrangeiras. O romantismo alemão e o romantismo inglês não tinham sido totalmente desdenhados pelos salões e pela imprensa antes de 1815, mas foi após essa data que surgiram as grandes revistas literárias que abririam suas colunas à poesia, ao romance e ao teatro europeus. O entusiasmo por Walter Scott começa em 1816, e com ele Byron e Shakespeare penetram com força no território francês. Os romances de Fenimore Cooper dão a conhecer regiões mais longínquas, enquanto que a obra de Hoffmann atraiu os espíritos abertos para o fantástico. Nos jornais, o folhetim consagra uma parte de seu espaço aos resumos de obras, freqüentemente inspirados na leitura de revistas britânicas. No final da Restauração e no início da monarquia de julho, imediatamente antes do nascimento do romance-folhetim nacional, surgem as grandes revistas literárias. A *Revue britannique*, inspirada na *Edinburgh Review*, traduz freqüentemente sua colega, enquanto que a *Revue germanique*, surgida em 1825, realiza uma promoção idêntica de obras despontadas além Reno.

Patrick Berthier (1994; 1995) estudou sistematicamente a imprensa literária e dramática surgida em Paris graças à revolução de 1830. Ela se aproveitaria do clima de liberdade que sopra sobre a França até o voto das leis de setembro de 1835, as quais, sem declarar abertamente, restabelecem uma censura de fato. Ao lado de títulos bem conhecidos, como *Revue des Deux-Mondes* e *Revue de Paris*, ele destacou os esforços da *Revue européenne*, da *Revue encyclopédique*, da *L'Europe littéraire* e de várias outras para divulgar as produções das literaturas do continente. Sua constatação é clara: "Um espírito verdadeiramente internacional inspira os sumários de um número apreciável de revistas, algumas das quais estão na vanguarda da vida parisiense" (BERTHIER, 1995, p. 27). Não obstante, ele observa as vivas reservas da imprensa reacionária, majoritária, que continua a preferir – e de longe – o classicismo ao romantismo, ao qual se desaprova, entre outras coisas, o caráter não nacional, e até antinacional. A mensagem de Charles Nodier, segundo a qual "o verdadeiro revolucionário em literatura, é o tradutor, homem passivo por seu ofício, ativo por sua influência" (1834, p. 24), mal ultrapassará o círculo dos iniciados e, portanto, não terá qualquer chance de alcançar esse público leitor cuja massa intimida, cada vez mais, uma parte da opinião.

A situação é de fato paradoxal às vésperas da implantação do romance-folhetim no rodapé do jornal. Balzac e seus colegas não param de invectivar contra a asfixia do comércio livreiro pela rede de gabinetes de leitura. Em seus artigos da época, ele confessa não compreender como um leitor abonado, culto, pode aceitar pôr as mãos num volume sujo pelos dedos de quem o tomou emprestado anteriormente.[1] Atacando a concorrência desleal resultante da contrafação estrangeira e provinciana, ele conclama, precocemente, à mobilização dos escritores, que só ocorrerá em 1838, no quadro de lançamento da "Societé des Gens de Lettres", reação corporativa em face da multiplicação dos folhetins romanescos na imprensa parisiense. Sonhando organizar, ele mesmo, um sistema de escoamento de livros que suprimisse os intermediários – a "Societé d'Abonnement Général" –, ele se verá, no entanto, arrastado pelo turbilhão da imprensa a partir de 1836, pois a publicação de *La Vieille fille* no jornal *La Presse*, fundado por Émile Girardin, é que revoluciona os hábitos naquele ano.

Ainda que as técnicas tipográficas suportem o contragolpe da introdução da revolução industrial no setor, que o número de leitores

---

[1] BALZAC, 1996. O volume reproduz principalmente os artigos publicados na *L'Europe littéraire*, entre os quais "De l'état actuel de la librairie" e "Lettre adressée aux écrivains français du XIXe siécle".

cresça, a possibilidade de aumento na tiragem dos livros é adiada pela existência de múltiplos impedimentos. A venda quase exclusiva dos volumes de novidades aos gabinetes de leitura justifica um preço elevado que mantém sua produção em torno de mil exemplares. Por outro lado, essa saída natural do comércio de livrarias não procura, verdadeiramente, atender às necessidades de abertura que apregoam os leitores das revistas literárias. Aqui impera a uniformidade, se não a padronização do gosto médio. Certamente o romance era acolhido por um público fiel, mas o estudo das listas de obras propostas por esses estabelecimentos prova o triunfo dos gêneros de moda, principalmente romance *noir* e o melodrama.[2]

É a imprensa que, nessas condições, irá se apossar da inovação e impulsionar o romance à linha de frente das preocupações dos franceses. Ela própria foi constrangida pelas autoridades a se adaptar, ao ser implementada a reforma postal de 1826, em vigor a partir de 1º de janeiro do ano seguinte. Obrigada a se modificar para sobreviver, ela aumenta o seu formato, recorre à publicidade e responde à ameaça de estrangulamento que pesa sobre ela por meio da descoberta de técnicas modernas de pesquisa do público leitor. O processo de mudança leva 10 anos até encontrar sua forma quase definitiva. Émile de Girardin e Armand Dutacq associam, em 1836, a baixa do preço de assinatura do *La Presse* e do *Siècle* a duas iniciativas sistemáticas: a reserva da quarta página do jornal aos anunciantes pagantes – a publicidade – e o oferecimento do espaço do folhetim literário ou dramático a um romance novo. Após algumas hesitações, este se apoderaria rapidamente da parte inferior da primeira página, do "*rez-du-chaussée*" do jornal, retomando a feliz expressão de Anne-Marie Tiesse (1984).

Para compreender a originalidade desse fenômeno, é preciso reinseri-lo em seu contexto. As grandes revistas literárias já publicavam romances em fascículos bimensais, criando assim certo efeito de busca pelo suspense, que se tornou uma das molas essenciais do romance-folhetim. Por outro lado, novos periódicos, como o *Penny Magazine*, em 1832, e o alemão *Pfennigmagazin*, em 1833, tinham

---

[2] Ver PARENT, 1982 e, principalmente, FALCONER, 2001, que aborda amplamente o dossiê do gabinete de leitura na França do século XIX ao XX.

surgido por quase toda a Europa: eram folhas familiares de informações gerais, contendo folhetins literários. Curiosamente é em Quebec que um francês expatriado, Alfred Xavier Rambau, tem a idéia, em agosto de 1835, de propor aos leitores do periódico que ele acabara de criar, *L'Ami du Peuple*, o último romance de Balzac, *Le Père Goriot* (LEMIRE, 1988), que trazia consigo na bagagem. Esses exemplos mostram que a revolução provocada na França por Girardin estava no ambiente da época e foi largamente antecipada pela demanda social, mas exigia modificações no sistema técnico e racionalização no projeto para dar certo. Foi mérito desse empresário de imprensa, inteligente e ambicioso, integrar em suas reflexões esses diversos elementos do problema, levando o conjunto da imprensa parisiense a abrir suas colunas aos romancistas. *Les Mystères de Paris* de Eugène Sue apareceram, de junho de 1842 a outubro de 1843 no *Journal de Débats*, e *Le Constitutionnel* seguiu igualmente seus colegas, publicando *Le Juif errant*, de junho de 1844 a agosto de 1845.

Além desse sumário de fatos materiais bem conhecidos, o que chama atenção é o rápido fechamento do território francês às literaturas estrangeiras, que esta mudança de hábitos provocou. A *Revue britannique* e a *Revue germanique* continuarão, assim como a *Revue des Deus Mondes* e a *Revue de Paris*, a traduzir as grandes obras estrangeiras, mas suas assinaturas somadas não representavam mais que uma minoria em relação aos leitores dos romances-folhetins cujos endossos se multiplicam. Ora, em poucos anos surge uma geração de romancistas franceses que toma a frente da cena, com grande empenho em não arredar pé. Eugène Sue, Paul Féval, Frédéric Soulié e Alexandre Dumas pertencem a essa primeira equipe de pais do romance-folhetim, e suas obras eclipsam todas as outras muito rapidamente, a ponto de fazer sombra até mesmo a Charles Dickens na própria Grã-Bretanha. O comércio livreiro francês logo se adapta à situação, e, a partir de 1845, a contrafação belga declinou, incapaz de manter as vantagens que conquistara desde 1825 (DOPP, 1932).

A introdução do formato Charpentier na edição – o grande in-18 inglês, chamado "Jesus", de 18,5 cm sobre 11,5 cm – permitiu que se baixasse consideravelmente o preço do livro a partir de 1838, e, em 1846, Michael Lévy propõe as *Œuvres complètes* de Alexandre

Dumas a dois francos o volume, nesse novo formato compacto que conquistara a Europa.

Nessas novas condições, já de nada adiantava aos impressores belgas plagiar as revistas e os jornais franceses para economizar no pagamento de direito autoral, já que este constituía apenas uma parcela ínfima do preço do livro, agora que a reprodução da obra de ficção entrava numa fase industrial. Ao lado da primeira edição de um romance em versão nobre – o in-oitavo a 7,50 F –, que os gabinetes de leitura propõem a seus leitores, vemos surgir reedições múltiplas que são também derivações do produto adaptadas, cada uma, a um mercado específico. A crítica literária mais consciente não se deixou enganar em relação a isso: a partir de 1839, ela denunciou a industrialização do romance francês. Louis Reybaud, especialista em economia social, autor de *Jérôme Paturot à la recherche d'une position sociale*, um dos ensaios mais representativos da monarquia de julho, criou em *César Falempin*, em 1845, o industrial Granpré, inventor do "primeiro folhetim a vapor" (MOLLIER, 1984, p. 76-77).

No momento em que Eugène de Mirecourt (na verdade Jacquot) se opõe, em um panfleto célebre, *Maison Alexandre Dumas & Cie*, à fábrica de romances e aos golpes sofridos no campo das letras, Reybaud insistia com mais vigor na reflexão sobre a lógica do processo e inventava a primeira fábrica de romances da história. No estabelecimento mantido por Granpré, 30 células são reservadas a especialistas em um tema único, encarregados de compor um único capítulo. "Cada um que trate de fazer o que sabe mais, e, como diz Adam Smith, o folhetim alcançará o mais alto grau de aperfeiçoamento" (REYBAUD, 1845, p. 237). O romancista em moda não é mais apenas um escritor prolífico, como foi Balzac, mas um chefe de empresa, um comandante ou chefe de orquestra de um exército de músicos que trabalham sob sua direção, lhe preparam a tarefa e estão constantemente à sua disposição para lhe fornecer a cópia que ele não cansa de reclamar. A cronologia das publicações apenas de Alexandre Dumas entre 1844 e 1848 é de causar espanto. Ao *Comte de Monte Cristo* e *Trois Mousquetaires*, surgidos em 1844, sucedem efetivamente, antes da revolução de fevereiro, *Vingt Ans après, La Reine Margot, Le Chevalier de Maison-Rouge, La Dame de Monsoreau, Joseph*

Balsamo e *Le Vicomte de Bragelonne*, ou seja, o equivalente a 29 volumes in-18 numa tipografia fechada, que alimentavam o *Journal des Débats, Le Siècle, La Presse, La Démocratie pacifique* e *Le constitutionnel*, tudo isso fornecendo aos livreiros e aos proprietários de gabinetes de leitura os meios de continuar a desenvolver seu comércio (SCHOPP, 1985; MOLLIER, 1984).

Perante essa invasão do espaço do jornal e do espaço das livrarias, compreende-se que o interesse dos leitores pela literatura estrangeira tenha se esvaído, e que, à França aberta para o restante do continente e o Novo Mundo, tenha sucedido um país inteiramente consagrado a devorar sua literatura nacional, pronto a exaltá-la, a exportá-la e a crer que fora dela não existe nada de comparável capaz de lhe fazer oposição. Assim, em poucos anos se opera uma mudança cultural e política que nada faria prever logo após a queda do Império. As leis de setembro de 1835 reduziram, consideravelmente, o número de jornais e revistas, incluindo-se os não-políticos, e a compra de romances substituiu, parcialmente, a compra de folhas múltiplas, que, durante cinco ou seis anos, haviam descoberto a maneira de existir e seduzir seu público. Os adversários do romantismo vencem-no no teatro, onde o fracasso de *Burgraves*, de Victor Hugo, em 1843, aparece, geralmente, como indício do retorno triunfal do classicismo. Este afasta sistematicamente as produções estrangeiras contemporâneas e contribui para a formação de um gosto burguês que não ajuda a manter a curiosidade pelo mundo exterior no mesmo nível. Esses adeptos da estética tradicional são, além disto, geralmente hostis ao romance-folhetim e ao melodrama que impera sobre o *"boulevard* do crime" ou ao teatro histórico, caro a Alexandre Dumas. Por se manterem fechados à modernidade, eles impedem as possibilidades de renovação da literatura francesa, apesar de elas se anunciarem claramente desde o começo do século.

A explosão do romance-folhetim e o desenvolvimento da livraria francesa

O estudo do desenvolvimento da livraria Michel Lévy frères, entre 1845 e 1855, permite uma melhor avaliação do sentido da revolução nas maneiras de ler, ocorrida nesse período. A partir de um gabinete de leitura aberto em 1836, o jovem editor parisiense se especializou no domínio da publicação de peças de teatro, no início dos anos de 1840. Cinco anos depois, ele se aproveita de uma oportunidade para dar um passo decisivo na constituição de um império do material impresso não periódico. Alexandre Dumas, sempre com pouco dinheiro, tinha, em julho de 1845, negociado a venda de seus direitos autorais com um empresário da música, Eugène Troupenas, para que suas obras fossem reproduzidas, ao mesmo tempo, na imprensa e no formato Charpentier (MOLLIER, 1984, p. 77-79). Ele se reservava, portanto, a edição original dos volumes e a comercialização de seu teatro, dos quais ele mesmo seria o responsável pela negociação direta, segundo as circunstâncias, com o livreiro que lhe fizesse a melhor oferta. Tal prática estava em uso há muito tempo, mas era justificada pelo estado antigo do sistema de livrarias, e não por suas mudanças recentes.

Por esse tratado de 4 de julho de 1845, Dumas cedeu a algumas condições especiais, das quais se arrependeu rapidamente. Troupenas tornou rentáveis, de fato, seus adiantamentos ao autor, cedendo a dois colegas o direito que acabara de adquirir. Ao dono do jornal *Le Siècle*, ele concede o privilégio de divulgar os romances de Alexandre Dumas, por meio do folhetim. Logo Armand Dutacq dará início a um procedimento destinado a reforçar sua posição. Ele oferecia a seus assinantes, geralmente como brinde, os volumes completos impressos no que ele denominou *"Musée littéraire du Siècle"*, coleções de fascículos reproduzindo cada romance após o término de sua publicação no periódico. Pode-se, a partir de então, imaginar as diversas categorias de leitores do romance-folhetim que estão em vias de se constituir. Um público feminino recorta do jornal comprado pelo marido os folhetins que, em seguida, são costurados à mão para serem conservados, relidos, emprestados ou trocados (THIESSE, 1984). Outros leitores preferem conservar as coleções do *Siècle*, oferecidas no *"Musée littéraire"*. Se é difícil e delicado precisar sociologicamente a origem desses leitores, percebe-se imediatamente as diferenças no uso do material impresso. O fascículo completo do jornal é mais burguês do que o folhetim costurado, o que também explica sua segunda comercialização pelos catálogos das livrarias.

No entanto, Michel Lévy, que, em 12 de setembro de 1845, compra de Troupenas a licença de publicar Alexandre Dumas no pequeno formato Charpentier, precursor do livro de bolso, ampliou sua condição vantajosa. Ele ataca Gervais Charpentier em seu próprio terreno, abaixando o preço do volume comum de 3,50 F para 2 F e aumentando a tiragem inicial. No prospecto que ele faz especialmente imprimir e distribuir para anunciar a edição de *Œuvres complètes d'Alexandre Dumas* nessa nova apresentação, Michel Lévy chega a anunciar a morte do folhetim costurado a mão e sua substituição pela biblioteca particular, as prateleiras individuais que passariam do castelo aristocrático para os lares mais humildes (MOLLIER, 1984, p. 106). Demasiado otimista para se manter totalmente lúcido sobre o estado do mercado e sua limitada elasticidade, o editor do Palais Royal provoca um aumento na demanda dos folhetins, dessa vez atingindo um público apto a desembolsar uma módica quantia – 2 F – na compra de um volume padronizado, identificável em sua forma material, sua tipografia, gramatura de papel e na capa. A esse terceiro leitorado do romance-folhetim, é preciso unir os consumidores mais tradicionais, aqueles que continuam a preferir o grande formato, o in-oitavo a 7,50 F, e aqueles que alugam obras nos gabinetes de leitura. O novo gênero romanesco está, assim, bem no centro de um furacão, que transforma as formas de ler e aumenta consideravelmente o número de leitores de um mesmo livro.

A fundação da "Societé des Gens de Lettres", em 1838, respondeu em parte, sob o ponto de vista dos autores, ao surgimento deste fenômeno. Louis Desnoyers, co-responsável pelo *Siècle*, havia incitado seus companheiros a se reunirem em uma associação corporativa, para negociar convenientemente com os donos de imprensa os direitos de reprodução dos romances nos jornais. A associação representava os interessados nas negociações e obteve, em princípio, vantagens suplementares que o indivíduo isolado dificilmente conseguiria. Uma das conseqüências dessa mudança foi a revenda, feita pelos editores à imprensa de província ou do exterior, do direito de reproduzir, após certo tempo, as obras dos romancistas que não pertencessem à esfera de influência da SGDL, a qual tinha toda a possibilidade de agir da mesma maneira por seus membros, negociando contratos semelhantes. Além disso, a estereotipagem permite a redução dos custos de impressão, e um gigantesco comércio de folhetins literários se põe em curso, na França e em outros países, cujas cifras de distribuição real de uma obra durante 10, 20 ou 30 anos ninguém atualmente é capaz de estimar. Somente um estudo detalhado da imprensa de província permitiria uma aproximação científica desse fenômeno de massa, que atingiu gerações sucessivas de novos leitores ao ritmo do progresso da alfabetização e da escolarização na Europa.

Michel Lévy, por sua vez, reorienta sua casa de edição esquecendo um pouco o teatro em prol de um setor livreiro então mais rentável, a edição dos romances-folhetins. É no final de 1855 que ele finaliza os ajustes de suas experimentações. O surgimento da coleção que trazia seu nome propôs novidades e reedições, sempre no formato Charpentier, a 1 F o volume. As bibliotecas de estações e coleções de ferrovias levaram os profissionais a aumentar ainda mais as tiragens, chegando a 6.600 exemplares, o que torna possível uma nova baixa no preço de oferta. Enquanto isto, os "romances a 4 *sous*" haviam surgido em 1848,[3] e os jornais-romances em 1855, especializados na publicação hebdomadária de três ou quatro títulos, cujo final era adiado a fim de segurar a clientela, mantida na expectativa da conclusão de uma obra iniciada. Milhões de exemplares foram comercializados sob o Segundo Império, o que ilustra os efeitos do romance-folhetim sobre o mercado livreiro num espaço de poucos anos. Novas gerações de autores tinham chegado ao mercado, e os romances de Ponson du Terrail, Gustave Aimard, Constant Guéroult, Amédée Achard, Edmond About e vários outros tinham assegurado o sucesso de um gênero que se manteria até o início da Primeira Guerra Mundial.

A posição internacional da livraria francesa conseguiu impor a primazia do romance-folhetim na Europa, quando não no mundo. Os direitos advindos desse comércio englobaram, com a multiplicação dos acordos bilaterais sobre a propriedade literária, a venda de traduções, protegendo os interesses do primeiro cessionário do direito

[3] Ver cap. I

autoral e, extensivamente, os dos escritores. Constrangidos a assinar contratos de exclusividade, com direito de prorrogação e privilégio qüinqüenal ou decenal para o primeiro editor, os romancistas, a partir de então, pertenciam a autênticas equipes que trabalhavam na estrutura de um consumo de massa do romance-folhetim, o que significa uniformização do gênero, padronização do produto e maior possibilidade de o editor determinar a trama, se é que esta não era a particularidade das narrativas desse tipo. A história dos tratados impostos aos homens de letras que não se destacavam no campo literário esclarece esse aspecto de modo surpreendente. Enquanto que os autores reconhecidos conseguem manter sua imaginação a salvo dessa coleira sufocante, os dominados devem aceitar cláusulas leoninas que proíbam qualquer escorregadela considerada contrária à moral da época. Alguns chegam mesmo a permitir que se reescreva todo ou parte de seu trabalho, o que culminou por transformar um gênero literário da moda em um produto de consumo de massa.[4]

O romance-folhetim invade a Europa

Logo no início do século, o comércio da contrafação tinha contribuído para tornar conhecidas as obras dos romancistas em voga. Balzac era imitado de Milão a Estocolmo. No primeiro caso, o editor Gaspare Truffi incluía, em 1834, *Il Medico di Campagna* nos "Romanzi e Curiosita Storiche di tutte le Nazioni". No segundo, *Véronique* fazia parte da "Läse Bibliothek", em 1840 (MOLLIER, 1992, p. 157-173). Todavia, não foi a pilhagem de escritores franceses que impôs um modelo cultural ao continente, mas um fenômeno de impregnação e de mimetismo encorajado pelos editores nacionais. Tanto na Espanha quanto na Itália, o sucesso da literatura francesa foi de tal monta que, após o período inicial de tradução das obras, viu-se surgir escritores que procuraram aplicar, em suas respectivas línguas, as receitas do romance-folhetim. Pouco diferenciados, no princípio, do modelo inicial, os melhores entre eles conseguiram encontrar seu caminho, integrando elementos de sua cultura específica

---

[4] Ver MOLLIER, 1984, para múltiplos exemplos concretos sobre esse assunto.

num universo que eles construíram. Carolina Invernizio, do outro lado dos Alpes, foi provavelmente a primeira a conseguir adaptar o romance-folhetim francês a seu país, tornando-se um dos autores preferidos da península.

Gabriela Solari (1992, p. 59-88) demonstrou que a gênese do romance popular italiano se explica, inicialmente, pela criação de um mercado nacional da imprensa periódica.

A multiplicação dos quiosques de jornais, a distribuição dos impressos periódicos pelos jornaleiros ambulantes, a extensão das redes ferroviárias pressionaram os editores a reclamar dos autores obras adequadas à nova clientela. Carolina Invernizio, folhetinista contratada da *Gazetta di Torino*, e escritora prolífica a serviço do editor Adriano Saleni, se curvou às exigências e entregou 123 romances à empresa citada. Francisco Mastriani, autor de *I Misteri di Napoli*, imitou igualmente os antecessores franceses, Dumas, Sue, Ponson du Terrail, Paul de Kock, Xavier de Montépin, que constavam, traduzidos, nas coleções de seu editor. Após ter habituado o público ao consumo de romances-folhetins franceses, os editores italianos estiveram na origem da criação de uma literatura nacional fortemente calcada naquela da França.

Na Península Ibérica, podemos observar fenômenos comparáveis. Em Valladolid, por exemplo, o editor Celestino Gonzalez vendia a *História de Rocambole* na Biblioteca moderna por uma peseta, no final do século XIX. Ele era, ao mesmo tempo, proprietário do Centro de periodicos e especialista no fornecimento dos romances-folhetins (BOTREL, 1988, p. 23). À sua maneira, ele prolongava a moda do romance-folhetim francês, que começara na Espanha no início dos anos 1840. "Pablo" Feval, "Alejandro" Dumas, "Javier" de Montepin pertencem a "esta abundante literatura *hispanizada* pela tradução ou adaptação, por falta de uma produção *original* suficiente",[5] sublinha Jean-François Botrel (1992, p. 31). Em 1843, haviam sido registradas 102 traduções desses folhetinistas. A partir de 1847, portanto após a tradução de *Los Misterios de Londres*, Paul Féval se tornou "Pablo" para os editores espanhóis, que dessa forma nacionalizam os escritores

---

[5] Itálicos do autor.

estrangeiros mais estimados pelos leitores. Assim como na Itália, a literatura popular espanhola nasceu de uma adaptação do universo romanesco francês às realidades do país. A obra copiosa de Benito Perez Galdos, inspirada nas leituras européias do escritor, triunfou entre 1872 e 1900. Ela deve muito às técnicas do folhetim circulantes além dos Pirineus, mesmo que seu sucesso, mais do que no caso italiano de Carolina Invernizio, se explique, em princípio, pela originalidade do processo de criação de um universo autônomo em relação aos modelos pré-existentes.

Poderíamos multiplicar os exemplos e citar a romancista E. Marlitt (Eugénie Johns) na Alemanha e T. Combe (Adèle Huguenin) na Suíça de língua francesa, também elas trabalhando em estreita colaboração com seus editores, grandes conhecedores das novas práticas de leitura, tornadas possíveis pelo desenvolvimento sem precedente do comércio livreiro. O que nos parece mais importante aqui é sublinhar a rápida extensão de um modelo nacional fora de seu local de origem. O folhetim se beneficiou de tal aceitação por ter abalado os hábitos da imprensa e do comércio de livros. Reproduzível ao infinito, ou quase, o que não acontecia com o romance vindo antes dele, o folhetim destruiu as estruturas das livrarias tradicionais, pulverizou os limites do antigo leitorado, fez recuar as fronteiras que separavam a população provida de livros do povo privado de material impresso. Capaz de adentrar em quase todos os lares, ele se tornou um elo entre as gerações de leitores, a base ou o centro de uma cultura comum e o ponto de partida de uniformização, ainda que relativa, das culturas nacionais até então extremamente separadas.

Seu triunfo foi inegável, e sua capacidade em superar todos os outros gêneros anteriores na preferência do público foi surpreendente, mas, por outro lado, ele não conseguiu erradicar os sentimentos nacionais particularistas que, ao contrário, se desenvolvem e se acentuam na segunda metade do século XIX. Foi, portanto, no âmbito da imprensa e da livraria que ele provocou as transformações mais consideráveis, a ponto de podermos falar de um antes e um depois dessas duas mídias em relação ao romance-folhetim. Sabemos que o lançamento, em 1863, do jornal "a 1 *sou*", *Le Petit Journal*, deve muito à qualidade dos folhetins propostos aos leitores, ou à fama dos autores atraídos por Polydore Millaud. Mais à frente no século, os quatro grandes jornais matutinos parisienses – *Le Journal, Le Petit Journal, Le Petit Parisien* e *Le Matin* – continuaram nesse caminho, certos de que o folhetim literário era indispensável a seu êxito material. Assim que o gosto por sangue se impôs na capa, na passagem do século XIX para o XX, foram os escritores especializados no gênero policial que substituíram os precedentes, mas, para tanto, o fenômeno não mudou de natureza (KALIFA, 1995). Até mesmo *L'Humanité,* fundada por Jean Jaurès em abril de 1904, seguiu a tradição, oferecendo, também, folhetins a seus leitores, o que significa que, antes de 1914 era impensável se publicar um jornal de alguma importância que tivesse se recusado a integrar essa rubrica em sua estrutura de base.

No mundo do comércio livreiro, as mudanças foram idênticas a ponto de levar um editor tão rigoroso quanto Louis Hachette a oferecer um espaço em seus catálogos aos romancistas populares. A notoriedade de Edmond About provavelmente se deveu mais à publicação de *L'Homme à l'oreille cassée* do que às produções intelectuais do brilhante normalista da Rua d'Ulm. Ninguém havia podido resistir ao furacão que soprou no mundo da edição a partir de 1836-1839, e antecipamos para essa época de efervescência intensa a maior parte dos métodos que hoje são mundialmente utilizados para atrair o leitorado de massa, a quem as séries Harlequin propõem a cada mês sua parte de sonho e distração. Louis Reybaud havia sido pioneiro ao imaginar as fábricas de romances de nosso final de século e, se ele não podia conceber o computador e os programas que comandam a redação de narrativas, ele havia compreendido que o romance-folhetim, por si só, estava prestes a provocar uma verdadeira revolução no mercado livreiro. Sua irradiação internacional imediata, sua faculdade de fazer surgir, senão de criar, literaturas nacionais, demonstram sua força mesmo que ele permaneça, ainda hoje, um gênero literário desdenhado, quando não desprezado, pelas instituições acadêmicas.

CAPÍTULO IV

O romance popular na biblioteca do povo

Esse título pode surpreender e corre o risco de introduzir um elemento de confusão no espírito do leitor, que talvez espere que, ao longo do capítulo, armados de métodos de historiador, acabaremos propondo uma lista de romances e autores, cujos múltiplos testemunhos materiais comprovariam que eles eram encontrados aqui ou ali, nas moradias populares do século XIX. O "Centre d'histoire culturelle des sociétés contemporaines"[1] trabalha, de fato, sobre esse complexo terreno, e utilizaremos seus primeiros trabalhos sobre o assunto para sugerir caminhos de pesquisa e produzir soluções provisórias. Inicialmente, gostaria de propor uma reflexão sobre aquilo que chamaria a fábula do historiador positivista.

No universo onírico que lhe compete, apenas os pobres, os desenraizados, os migrantes do interior ou do exterior e os delinqüentes têm o costume de seguir o caminho dos estudos notariais. Os agentes ministeriais, cronistas patenteados dos fatos e gestos cotidianos dos humildes são encarregados de redigir gratuitamente os minutos que acompanham os atos de sua vida social, sobretudo o casamento e o óbito. Neste último caso, eles têm o privilégio de esquadrinhar minuciosamente o mínimo recanto de pequenas habitações e discriminam com cuidado no inventário os impressos que descobrem: folhas volantes, almanaques, livretos azuis, brochuras,

---

[1] Instalado na Universidade de Versalhes Saint Quentin-en-Yvelines, compreende diferentes grupos de pesquisa, entre os quais aquele voltado particularmente para a história da edição, do livro e da leitura.

romances de época e volumes emprestados pelo pároco ou pelo professor. Assim se realiza facilmente a observação social das categorias populares, uma vez que sociólogos e historiadores dispõem de material abundante para examinar atentamente as bibliotecas do povo, região por região, época pós época, até geração após geração.

Saindo de suas fantasmagorias ou após seu difícil despertar, o estatístico positivista passa por um imenso desgosto: alguns instantes atrás, a biblioteca do povo estava ao alcance de suas mãos, com suas narrativas literárias ou paraliterárias bem visíveis, em folhetins costurados a mão, ou em brochuras, com suas capas identificáveis a olho nu, em coleções de baixo preço, bem conhecidas dos aficionados de objetos de grande consumo. Dissipadas as nuvens, ele se encontra a sós com suas questões angustiantes e lancinantes: como penetrar nas moradias populares do passado e reconstruir seus programas de aquisição de livros, encontrando ali os romances de ampla difusão, populares por destinação ou por acidente?

Não entraremos aqui na discussão, sempre retomada, sobre a definição do romance popular, nem mesmo sobre aquela referente ao povo, categoria fluida, elástica, fugidia e sociologicamente subordinada a múltiplos e periódicos reajustes. Para nós, é suficiente isolar, para a clareza do debate, as camadas sociais que vão da pequena burguesia do comércio e do artesanato à classe operária e aos camponeses mais desvalidos. É sobre eles que refletiremos, observando, primeiramente, os discursos feitos sobre suas leituras no século passado, depois a lenta penetração dos impressos em suas práticas culturais, o que leva à locação ou ao empréstimo, antes da posse dos livros à medida que avançamos em direção à *Belle Époque*.

A biblioteca imaginária ou a elasticidade do romance popular nas angústias dos orientadores sociais

Um espectro assombra a Europa burguesa do século XIX; aquele das leituras populares e dos romances de ampla difusão. Um mundo fechado se instala do *"chien de lisard"*, proferido com brutalidade por pai Sorel a seu filho Julien em Stendhal em 1830,[2] ao "Não se deve lhe emprestar livros, foi sempre a leitura que o pôs a perder", fustigado pela velha mãe de um cultivador já adulto à professora monitora de uma biblioteca escolar aberta às pessoas do campo por volta de 1900 (OZOUF; OZOUF, 1992, p. 293). Revelador do temor ao livro que irrompe periodicamente, mas não de maneira uniforme, em terra católica desde a Contra-Reforma, esse ostracismo sofre diversas metamorfoses ao longo dos séculos XIX e XX.[3]

Os literatos comentaram amplamente o voto da emenda Riancey e destacaram a fobia pelas leituras do povo que explica sua gênese. Lembremos que no artigo 14 da subdivisão II da lei de 16 de julho de 1850, consta: "Todo romance-folhetim publicado em um jornal ou suplemento será submetido a um selo de 1 centavo por número".[4] Proposta por Henri de Riancey (1816-1870), representante do povo na Assembléia Legislativa, essa emenda visava diretamente a indústria do romance-folhetim, em pleno progresso após o surgimento, em 1848, do romance a quatro centavos. Membro desse "partido do medo", que Victor Hugo condenou em sua famosa intervenção de julho de 1850, o legitimista Riancey pretendia, com seus colegas conservadores, provocar sérias e efetivas reações à ofensiva da imprensa que a revolução de 1848 – tão apropriadamente denominada a "primavera dos povos" – estimulara.

Quais eram os fundamentos desse pavor pelas leituras populares? São eles o resultado de uma realidade ou de uma fantasia, e mesmo da paranóia das classes proprietárias da 2ª República? Se esta última explicação prevalecer, é preciso compreender esta interpretação em sua acepção clínica: agindo por intuição, analogia, os obcecados pela ordem teriam construído um discurso lógico, aparentemente coerente, que, nesta circunstância, os conduziria diretamente à psicose coletiva. Georges-André Vuaroqueaux (1989, cap. I), que estudou a gênese e o desenvolvimento do romance a 4 *sous* sob a 2ª República,

---

[2] Ver *O vermelho e o negro*, que apresenta o caráter confuso e inquietante da leitura no meio popular.

[3] Ver os trabalhos de Noë Richter sobre esse assunto, principalmente *La lecture et ses institutions – 1700-1918* (1987).

[4] Ver nosso comentário sobre a emenda Riancey no *Dictionnaire des littératures*, 2002.

tomando o exemplo do editor Joseph Bry demonstrou os limites da propagação desses impressos. Martin Nadaud (1895), maçom de Creuse, testemunhou, também, em suas *Mémoires*, a quase impermeabilidade de seus companheiros à leitura, nas casas que freqüentava antes de 1848.

É fato que Gustave Barba, ao lançar, em 1850, o *Panthéon littéraire illustré* declarara sua intenção de suprir "os jovens de nossos campos que, geralmente, só possuem volumes mal impressos, de gosto duvidoso e de moralidade equívoca"[5] e afirmara sua certeza "no sucesso de sua nova publicação", mas as tiragens de sua coleção não foram além de 10 ou 12 mil exemplares por edição; Eugène Sue detendo o recorde com cerca de 20 mil números. Se somarmos todas as edições de um mesmo editor em um ano, chegaremos perto de dois milhões de fascículos para Bry, em 1850, dos quais a metade iria para *Veillées littéraires illustrées*, mas a ilusão do grande número não deve nos enganar. Não é pelo fato de, nessa época pródiga, a produção total de romances a 4 *sous* culminar em 10 milhões de fascículos, que todo mundo lê em meados do século XIX.[6]

Paul Lacroix, que apoiou Joseph Bry em sua solicitação de licença, em 1852, analisou sua estratégia editorial e lhe reconheceu o mérito de haver alçado a difusão da "literatura de novidade", em crise às vésperas da revolução de 1848, a 20 ou 30 mil exemplares por volume, o que é, ao mesmo tempo, considerável e relativamente modesto se imaginarmos o contingente que constituiu, implicitamente, o leitorado popular. Observando de perto a atividade do propagador-distribuidor desses romances a 4 *sous*, a livraria central de publicações a 20 centavos (Marescq, Pelvey & Cie), nos damos conta de que a venda de obras completas de Eugènie Sue, George Sand e Victor Hugo também não ultrapassa esse limiar de 20 a 30 mil exemplares por título. Então, devemos falar de ilusão do poder? Devemos constatar uma cegueira dos inspetores do comércio livreiro,

---

[5] Prospecto do Panthéon littéraire illustré, citado por VUAROQUEAUX, *op. cit.*, t. 1, p. 73.

[6] Claude Witkowski cita esses números em suas *Monographies des éditions populaires*, das quais foram publicados 18 fascículos, o primeiro, o mais volumoso, por Jean-Jacques Pauvert, Paris, 1981, e os outros 17 pelo autor. Foram reunidos em um volume sob o título *Les éditions populaires. 1848-1870*, Paris, Les Amoureux des Livres-GIPPE, 1997.

dos comissários de polícia e da imprensa conservadora quanto à invasão, ao rio de romances populares que teria inundado o país em 1848-1850? Provavelmente não, mas se trata de um fenômeno de inflação verbal, de hipérbole na apreciação da situação e de fantasia quanto às possibilidades dessa literatura, popular por destinação, de tocar milhões de camponeses ou centenas de milhares de citadinos, então ainda bastante distantes da leitura considerada como um lazer socialmente lícito.

O estudo dos orientadores católicos, da primeira "Societé des bons livres de Bordeaux", criada em 1812, à publicação, pelo Abade Bethléem, do *Romans à lire et romans à proscrire* (RICHTER, 1987), em 1904, conduz a conclusões idênticas. Para simplificar, podemos dizer que a Igreja Católica do século XIX se sente permanentemente agredida pelo mundo moderno, como o objeto dos ódios da sociedade civil, e acredita que deve combater o mal sob todas as formas. O Index, que culmina em 1864, rejeita todas as obras-primas da literatura da época – Balzac, Sand, Stendhal, Sue, Renan, e, em pouco tempo, Zola. Ele não é suficiente na realização de suas funções, e os clérigos multiplicam as reproduções do Index, na tentativa de se adaptar à evolução dos costumes. A alfabetização e a escolarização progridem de tal forma que, em pouco tempo, vale mais a pena encorajar as leituras sadias do que se obstinar no combate ao princípio da leitura, à curiosidade, ao gosto pelo divertimento, à evasão do vale de lágrimas. Ora, a obstinação de um Abade Bethléem em ler a produção de sua época, em estabelecer – até 1940 – fichas sinalizadoras sobre os autores, as obras – romance, teatro, poesia, ensaio, etc. – não pode ser compreendida caso se esqueça o caráter clínico da fantasia (PELLERIN, 1994; MOLLIER, 1999a, p. 17-33), a qual satisfação íntima obedece esse eclesiástico, quando percorre aquela prosa que abomina? Devemos ver em sua atitude e em sua constância um substituto ao flagelo da carne pelo uso do cilício? No aspecto que nos interessa, devemos constatar a elasticidade quase indecente da biblioteca do povo imaginada pelo Abade Bethléem.

Os católicos não foram os únicos a tentar canalizar a leitura, guiar a escolha dos novos leitores – a criança, a mulher, o povo; os três sempre ligados. Os republicanos militantes agiram da mesma maneira, censurando animadamente as leituras do povo. Da "Société pour l'Instruction élémentaire", da Restauração, às primeiras bibliotecas populares – a dos "Amis de l'Instruction" em Paris – dos anos 1860, os orientadores sociais afastam cuidadosamente tudo o que é considerado imoral, desmoralizante, alienante ou fútil. Todas as pesquisas conduzidas sobre esse aspecto atestam a lentidão dos progressos do romance popular. É preciso esperar 1898 para ver a "Societé Franklin", uma das mais dinâmicas, publicar um modelo de regulamento de biblioteca circulante popular, cujo núcleo se compõe de lotes de 50 obras, das quais 30 são romances, contos e novelas, que devem ser compartilhados nas comunas rurais (RICHTER, 1995). Noë Richter sugere que esse dispositivo é posterior ao voto das leis Ferry, o que não impede de pensar que o gênero da narrativa havia começado a se introduzir no interior das redes de leitura rurais alguns anos antes. Seria conveniente, portanto, multiplicar os estudos, estabelecer, respeitando escrupulosamente a cronologia das aquisições, a lista dos primeiros autores e obras a transpor as barreiras de censura dos "amigos do povo" dotados das melhores intenções do mundo. Os exemplos citados por Roger Bellet (1995, p. 579-604) – Saint-Étienne, Clermont-Ferrand – poderiam nos ajudar a enxergar com clareza, se os registros de empréstimos estivessem sistematicamente analisados, ano após ano, fazendo-os objeto de um tratamento aprofundado.

As histórias das bibliotecas e dos bibliotecários provaram a hesitação desse meio em acolher o romance popular em suas estantes. Suas preferências eram pelo livro sério, prático, didático, mais do que pelo divertimento, pelo entretenimento, pelo prazer em segundo grau, caro aos amantes modernos do gênero. A gênese da "Bibliothèque nationale", uma coleção de livros criada em 1863, tal como resulta da tese de Isabelle Olivero (1994), mostra a ambigüidade e a ilusão dos militantes operários empenhados em educar seus irmãos de miséria. Ao imprimir e comercializar a um bom preço as obras-primas do pensamento universal, eles passaram muito ao largo dos gostos de seus contemporâneos, e sua tentativa foi um fracasso. Poderíamos citar outros exemplos, passar dos republicanos aos socialistas, e até, para o século XX, aos sindicatos e partidos revolucionários, e constatar, em grande parte, a mesma dificuldade em aceitar que o povo lesse, com toda liberdade, os romances sentimentais, policiais, de aventuras ou de entretenimento, aquilo que Daniel Couégnas chamou de paraliteratura. Contentar-nos-emos, aqui, em destacar uma verdade contundente: se os orientadores sociais, quaisquer que fossem suas ideologias e seus objetivos, se obstinaram em orientar a leitura dos humildes, foi porque ela progredia, inquietando, com ou sem razão, as elites, nelas incluídos operários e revolucionários.

Meu propósito era, entretanto, antes de passar às bibliotecas do povo, o de matizar fortemente sua existência na primeira metade, na verdade nos dois primeiros terços, do século XIX. As angústias, as fobias das classes dirigentes são uma coisa, o fundamento material delas, outra completamente diferente. Lembrarei, de fato, que as raras pesquisas etnológicas das quais dispomos mostram que a biblioteca material, a estante mesmo rudimentar e grosseira contendo livros nas moradias populares, é um fenômeno tardio na França, posterior ao voto das grandes leis escolares do começo dos anos 1880, e que os primeiros livros conservados foram os manuais escolares, antes que, a seu lado, aparecessem os romances de Dumas ou de Eugène Sue (MOLLIER, 1993, p. 79-93). É verdade faço abstração das gravuras, estampas, imagens de Epinal, almanaques e livretos de mascates que precederam esse movimento, as folhas volantes e outros produtos culturais facilmente perecíveis, mas sua conservação, como a do manual de higiene do Doutor Raspail, não anula a observação precedente.

Os romances populares nas bibliotecas do povo

A história da edição confirma o desenvolvimento da difusão e do consumo dos livros na França, durante o século XIX. A tese de Georges-André Vuaroqueaux, *Édition populaire de 1830 à 1890* (s.d.), mostra a criação de várias centenas de coleções específicas – as "bibliothèques", na linguagem da época – nesse período. A tendência era a baixa permanente do preço do livro, com patamares de 7,50 F a 3,50 F em torno de 1838, 1 F em 1852-1855, 0,95 F e 0,65 F para as séries populares em 1904-1905. Na "Calmann Lévy", *Pêcheur d'Islande*, de Pierre Loti, teve uma tiragem de 100 mil exemplares em 1906 na Nouvelle Collection illustrée a 0,95 F e alcançaria a vendagem, nessa única versão impressa, de mais de 500 mil exemplares em 1919 (MOLLIER, 1988a, p. 478). Se o romance não tinha, *a priori*, um destino popular – ele obtivera uma vendagem de 58 mil volumes em sua edição original por 7,50 F –, ele se tornou popular por sua distribuição excepcional, e é isso o que deve chamar nossa atenção, uma vez que as bibliotecas públicas, em seguida, se renderam e registraram esse entusiasmo dos leitores por um autor atualmente um tanto desprezado ou rejeitado.

Foi entre 1895 e 1910 que os Fayard, Flammarion, Rouff, Ferenczi, Tallandier e Méricant partiram realmente no encalço de novos leitores, o que significa que a voga do romance popular exigia duas revoluções para se espalhar: a da escola e a do jornal. Não é à toa que Jean-Claude Vareille observa, em um de seus últimos artigos (1994, p. 75-94), as analogias que inspiram a leitura do romance e a do manual escolar: a mesma recusa ao problemático, ao aberto, ao discutível, ao incerto. Charles Grivel (1973) comentou, por sua vez, a função moralizante dos dois suportes, que talvez nos remeta ao catecismo, o ancestral do manual escolar e seu arquétipo, em muitos casos. De certo modo, compreende-se melhor por que a biblioteca popular reuniu muito cedo os livros de classe e os romances nas mesmas prateleiras, como se sua estreita ligação devesse ser, assim, materializada.

Contudo, outros testemunhos, policiais por exemplo, revelaram a presença do romance popular nas moradias mais humildes, bem antes do final do século. A pesquisa sobre o comércio ambulante efetuada por Jean-Jacques Darmon (1972) colocou em evidência a compra de narrativas literárias, nas coleções publicadas, sobretudo por Édouard Dentu, Michel Lévy e Charles Noblet, sob o Segundo Império, por esse circuito de difusão, e mesmo a de jornais-romances a partir de seu surgimento em 1855. Seriam eles comprados pelos "figurões", pelos fazendeiros mais abonados ou pelos camponeses menos abastados? Somos incapazes de precisar, mas o hábito das leituras coletivas, em voz alta, não havia desaparecido totalmente por volta de 1860, e a difusão dessas obras ultrapassava em muito o primeiro círculo de possuidores de volumes. Noë Richter (1995), além disso, demonstrou que o serviço de bibliotecas volantes nos campos franceses não devia grande coisa aos esforços dos filantropos americanos do após-Primeira Guerra Mundial, como a tradição corporativa o declarara. Certamente seria inútil afirmar que a introdução do primeiro biblio-ônibus em Soissonnais, em 1934, nada deve aos esforços do comitê americano pelas regiões devastadas de 1919, mas a leitura no meio rural tinha deslanchado desde o final do Antigo Regime, sob o impulso dos fisiocratas, sobretudo depois da Igreja. Clérigos e pastores, de acordo com cada região, precederam os educadores em seu papel de bibliotecários semi-profissionais e, sob a Monarquia de Julho, inúmeros projetos vieram à tona, destinados a aperfeiçoar a eficácia dessas estruturas relativamente informais e, principalmente, em geral, desconhecidas pelos reformadores parisienses ou estrangeiros.

Martin Nadaud, em suas *Mémoires* (1895), relatou uma anedota familiar extremamente valiosa. Em sua casa em Creuse, coabitavam três gerações, o que era comum na época. Ora, quando seu pai voltou do mercado da cidade vizinha com os *Bulletins de la Grande Armée* em mãos, o avô se irritou com essa compra inútil, pois seu filho era tão iletrado quanto ele. O volume se destinava à criança, pois o pai esperava que, após passar pela escola, Léonard entreteria toda a família com leituras em voz alta, durante as noites de inverno. Para a publicação de *Les Misérables*, em Paris, em 1862, dispomos de um outro testemunho, precioso por se tratar do relatório do *"Commissaire de la Librairie"* a seus superiores sobre o entusiasmo do público por esta obra que ele chega a qualificar de "literatura socialista". Se a venda dos volumes baixara ligeiramente, do tomo 1 ao tomo 10 – a 6 F cada –, isso não significava, explica ele, que os leitores seriam menos numerosos. Pelo contrário, viu operários se cotizando para alugar o romance e temia que sua publicação em folhetim, pela imprensa, fosse sinal de uma leitura em massa dessa prosa, que considerava diabólica.[7]

O romance a 4 *sous*, em 1848-1852, assustou as autoridades, e os arquivos policiais confirmam a penetração desse produto no interior do

---

[7] AN F18, dossiê do impressor de Jules Claye.

país. Fascículos foram encontrados em cabeleireiros, estalagens e outros pontos de comércio, confirmando o imenso potencial contido nessa inovação editorial. As leis de 1849, 1850, 1852 e 1854, no entanto, o destruíram, freando o crescimento da leitura de romances populares entre as categorias economicamente mais desfavorecidas da população.

O folhetim costurado à mão, estudado por Anne-Marie Thiesse (1984), é uma outra realidade da França do século XIX, anterior à revolução de 1848. O prospecto impresso por Michel Lévy, em 1846, para colocar no mercado as obras completas de Alexandre Dumas, anunciava o seu iminente desaparecimento e a substituição das arcas ou armários que guardavam esses exemplares grosseiramente unidos, por bibliotecas de madeira para receber e conservar os volumes a preço baixo, 2 F (MOLLIER, 1984, p. 106). René Guise encontrou um bom número desses folhetins após 1960, prova da durabilidade de uma prática cultural iniciada provavelmente em 1836, desde o aparecimento dos primeiros romances no rodapé dos jornais.

A Bibliothèque Bleue declinou durante o século XIX, mas nunca desapareceu. Ela se adaptou, continuou circulando pelo campo e também alimentou o povo com leituras. Os almanaques prosseguiram em sua carreira comercial, com um belo futuro à sua frente. As feiras, os mercados mais freqüentados provavelmente asseguraram a circulação de livros de segunda, terceira ou quarta mão, sem que provas tangíveis dessa corrente de troca tenham sido levantadas pelos historiadores do livro, mais preocupados com o consumo das classes privilegiadas do que com aquele dos humildes. Catálogos provam o fenômeno, permitindo até sua localização, mas conviria estudar minuciosamente esse circuito de distribuição do material impresso para melhorar nosso conhecimento dos leitores e suas leituras no passado.[8]

Resta, enfim o imenso mercado infra-editorial da "literatura das ruas"[9] ou seja "as edições populares, canções e livros de propaganda",

---

[8] Mollier (1998) tentou recomeçar esse trabalho.
[9] No original, a expressão traduzida é *"littérature du trottoir"*.

segundo a terminologia classificatória da *Bibliographie de la France* na *Belle Époque*, que circulam mais na cidade do que no campo, mas alimentam os moradores mais pobres, mais frágeis, com suas narrativas. Não são romances propriamente ditos, mas narrativas que se utilizam das técnicas do romance para explorar a atualidade e seus sobressaltos. Os casos policiais ou os escândalos financeiros são a base dessas folhas volantes, nas quais se alojam os enfrentamentos políticos em caso de crise grave. Elas também provavelmente serviram de suporte para a constituição das bibliotecas familiares e contribuíram para a aculturação das populações, quando o êxodo rural expulsava dos campos a massa de trabalhadores, a partir de então, inúteis (MOLLIER, 1997b, p. 15-28).

Ao final dessa evocação de fenômenos contraditórios que impedem qualquer generalização abusiva, fica claramente visível que a leitura popular é uma prática relativamente antiga na França, mesmo que o movimento não tenha sido linear e que, ao lado da promoção – a mobilidade ascendente – das elites operárias ou rurais, não se deva jamais perder de vista os exemplos de "demoção" – a mobilidade descendente –, como dizem os sociólogos, ou de recuo na aculturação, no seio de uma mesma linhagem, em função de eventualidades na conjuntura e de destinos familiares. As bibliotecas de empréstimo, católicas, protestantes, laicas, existiram em diversas regiões antes dos anos de 1860, data considerada como de importante reviravolta na difusão do material impresso pelo interior da França. Na cidade, principalmente nas zonas de atividades industrial e comercial, a canção, o panfleto, o *canard*, a brochura e o romance se aclimataram ao mesmo tempo. No entanto, a conservação dos livros começou apenas após a escolarização estar generalizada, e é provável que a biblioteca material, em madeira, tenha primeiro reunido livros nobres, manuais, obras caras, antes de recolher, das arcas e armários, os romances arranjados pelas mulheres, sob o aspecto rústico de folhetins costurados a mão.

Ainda faltam vários estudos de campo, descentralizados, para que se chegue a uma visão mais clara das leituras do povo. Dizíamos que um espectro assombrou a consciência das elites do século passado, o da propagação devastadora dessa calamidade. Alguns tentaram erradicá-la, por meio do Index ou da emenda Riancey e das leis sobre a limitação do comércio ambulante, outros procuraram canalizá-la por meio das sociedades de bons livros, precursoras da *Bonne Presse*, ou das bibliotecas populares dominadas pelos filantropos. O hábito de ler continuou a assombrar *les honnêtes gens* ou *les braves gens*, durante longos decênios. É possível que no âmago dessas fobias, o medo do prazer liberado, solitário ou não, o desejo de seu refreamento tentassem travar o desenvolvimento do romance popular. Richard Hoggart (1970) destacou essa dimensão prazerosa, e não alienante, da leitura nas classes populares da Inglaterra. Os partidários dos Estudos Culturais retomam, atualmente, essa via promissora para a pesquisa, e cabe aos historiadores perseguir a impossível mas indispensável tentativa de registrar e inventoriar as bibliotecas do povo através dos tempos.

TERCEIRA PARTE

COLEÇÕES, BIBLIOTECAS, DICIONÁRIOS E ENCICLOPÉDIAS

CAPÍTULO V

Enciclopédia e comércio livreiro do século XVIII ao século XX

Da *Encyclopédie* de Denis Diderot à *Grande Encyclopédie* de Marcelin Berthelot, de 1750 a 1900, coloca-se em curso, no âmbito francês, uma verdadeira indústria de divulgação e vulgarização do conhecimento. Certo número de sucessos científicos ou econômicos marca essa aventura. Mais do que ser a primeira quanto à data, o que chama mais atenção é a concepção e produção da *Encyclopédie méthodique*, de Charles-Joseph Panckoucke. Atacada sistematicamente pelas mudanças ocorridas no campo do saber na época da Revolução Francesa, seu conteúdo envelheceu rapidamente. De qualquer modo, a mudança no regime tipográfico, em torno de 1830, iria permitir o desenvolvimento de séries pesadas, financeiramente menos custosas, e tecnicamente mais fáceis de produzir. O *Dictionnaire de la conversation et de la lecture* de William Duckert inova por sua capacidade em ser reproduzido ou "diminuído" em diversos formatos. De qualquer modo, são o *Grand Dictionnaire universel du XIXe siècle* de Pierre Larousse e *La Grande Encyclopédie* de Marcelin Berthelot que ressaltam as principais características das séries pesadas da indústria contemporânea dos dicionários, destinados a ser inventários gerais do conhecimento. Ao lado deles, a lista de concorrentes é longa, e diz respeito a dicionários mais ou menos especializados em um aspecto determinado, teológico com o Abade Migne ou republicano e militante com Maurice Lachâtre.[1]

---

[1] Ver o dossiê da exposição do Musée d'Orsay, intitulado *Le Siécle des dictionnaires*, 1987, ou ainda os catálogos do século XIX da Livraria Hachette, que propõem a seus clientes uma infinidade de dicionários. O Abade Migne pôs em campo uma *Encyclopédie ecclesiastique*, em 66 volumes, em sua terceira e última versão e uma *Encyclopédie théologique*, em 171 volumes.

De meados do Século das Luzes ao formidável crescimento da casa editora Larousse no século XX, arranjos e tentativas, imitações e plágios de procedimentos em escala continental, avanços e recuos moldaram a imagem das enormes sociedades anônimas que compartilhavam o então mercado de enciclopédias. Poucas das grandes empresas de comércio livreiro foram deixadas à margem dessa odisséia, ainda que suas realizações não fossem todas comparáveis. Convém, portanto, assinalar, em meio aos seus lançamentos, as ambições e as declarações de seus responsáveis, os elementos que marcariam época e condicionariam o sucesso mais dinâmico e de maior resultado. Efetivamente, em pouco tempo o capital econômico e o capital cultural se converteram em moeda, a fim de garantir a difusão dessas volumosas coleções de livros. A extensão do público leitor, ou antes, a captação de leitorados distintos, imperou como uma necessidade, até como a finalidade dos promotores, quaisquer que fossem suas visões de mundo e sua ideologia. A enciclopédia, por sua duração e por sua vendagem contínua, devia, com efeito, prosseguir indefinidamente em seu desenvolvimento no espaço e continuar seu caminho, geração pós geração, à custa de ajustes e atualizações, suplementos ou apêndices destinados a retardar o aparecimento de concorrentes em seu setor. Diferentemente dos romances, das peças de teatro, das antologias poéticas, dos ensaios históricos ou filosóficos, que visam, individualmente, um público determinado, mesmo que muito extenso, a enciclopédia tem uma vocação para universalizar a classe de leitores, o que não pode deixar de provocar alterações consideráveis no comércio livreiro. Em último grau, o que mais lhe conviria seria a situação de monopólio, sem dúvida um sonho utópico, talvez totalitário, mas tentação insinuada desde as origens do gênero, que desemboca, no final do século XX, sobre a organização planetária de empresas de multimídias, que possuem os meios materiais, técnicos e financeiros de impor com sucesso esse produto único, adaptado às situações particulares de cada subconjunto regional ou nacional.

Maurice Lachâtre, editor francês do *Capital*, de Karl Marx, em fascículos, lançou *Dictionnaire français illustré, panthéon littéraire, scientifique, biographique, dictionnaire d'historie, de botanique, de géographie, encyclopédie des arts et des métiers*, em um volume.

De Le Breton a Panckoucke, os primeiros abalos do comércio livreiro tradicional

Os trabalhos de Robert Darnton e de Suzanne Tucoo-Chala trouxeram à tona as modificações no sistema de comércio livreiro do Antigo Regime, ocorridas por volta de 1760-1780.[2] As edições da *Encyclopédie* se sucederam de Paris a Genebra, passando por Berna, Lausanne, Livorno, Neuchâtel e Lucque, criando um verdadeiro espaço europeu para a difusão da filosofia iluminista. As cifras somadas das vendas de coleções, em formato cada vez mais reduzido e manuseável, foram de, aproximadamente, 24 mil, o que é considerável para a época (DARNTON, 1982). Para chegar a tais resultados, o verdadeiro empresário, o arquiteto do sucesso, Charles-Joseph Panckoucke, reuniu capitais transnacionais, associando-se a financiadores holandeses e suíços. Ele conseguiu reduzir os custos de produção, internacionalizando-a por meio do deslocamento da impressão dos volumes, confiada à Société Typographique de Neuchâtel (STN). A inovação do produto, teorizada por Schumpeter muito tempo após o desaparecimento do contemporâneo de Diderot, é visível graças à observação das séries disponíveis no mercado por volta de 1780. Uma cascata de formatos diversos, a declinação do produto sob as mais variadas formas, diríamos hoje, do in-folio nobre ao in-oitavo plebeu, atende às necessidades dos consumidores mais variados. Da biblioteca do castelo do aristocrata à moradia do rico burguês, os tomos do *Dictionnaire raisonné des sciences et des arts*, em brochura ou encadernados, propõem uma embalagem material correspondente às ambições e disponibilidades próprias a essas categorias sociais.

O preço de chamada diminuiu regularmente da primeira à última edição. Cópias imediatas vieram à luz, provocando a adaptação de Panckoucke às condições do mercado. A sistemática venda em domicílio, o lançamento de assinaturas e a atenção dada à distribuição das coleções modificaram o comércio livreiro. O privilégio real já não era suficiente para a captação de um mercado, e Panckoucke

---

[2] Ver DARNTON (1982) e TUCO-CHALA (1977). Consultaremos ainda as atas do colóquio de Lyon sobre "Négoce et commerce de la librairie", publicadas sob o título *L'Europe et le livre*

precisou criar um verdadeiro império comercial para manter seus lucros. Ligado ao poder político, no centro do poder intelectual graças ao prestígio de sua casa editora, proprietário de uma infinidade de jornais e gazetas, literários ou não, ele começava a impor uma reviravolta na relação autor-editor que anunciava o futuro de sua profissão. À frente de um time de escritores mais ou menos necessitados, Panckoucke imaginou dar continuidade à publicação iniciada por Diderot, lançando sua *Encyclopédie méthodique*. Entre 1782 e 1832 surgiram 166 volumes, duração excepcional que indica as dificuldades encontradas para completar sua realização, mas também a tenacidade de uma família de editores em manter sua empresa em um setor do comércio livreiro considerado decisivo. Concebida como uma síntese dos conhecimentos adquiridos em todos os domínios do saber, a *Méthodique* contava com mais de 50 tomos às vésperas da Revolução Francesa e sua tiragem inicial chegara a cinco mil exemplares (DARNTON, 1982; MOLLIER, 1988a, cap. 1 e 2). A escolha de um formato in-quarto traduzia as mudanças constatadas anteriormente na definição do público desejado e a aposta maior "no número" do que na elite. Adivinha-se, facilmente, uma racionalização da concepção do produto, ainda que alguns arranjos permaneçam inscritos nas hesitações do projeto.

Levando-se em conta o imobilismo do sistema técnico, idêntico desde Gutenberg, as possibilidades de se aumentar o público leitor eram limitadas. Os avanços decisivos ocorreram apenas entre 1800 e 1830, com o advento da máquina de fabricar papel de maneira contínua e a introdução do vapor nas prensas. Nesse momento, com o aumento das tiragens, a capacidade de se diminuir consideravelmente o preço do livro estará assegurada. Isso não aconteceu antes do final do século XVIII, e se Panckoucke aparece como o arquétipo do grande editor do século XIX, ele é, por outros motivos, representativo do livreiro do Antigo Regime. Uma mistura de antigo com novo, Panckoucke compreendeu melhor do que seus colegas, principalmente Le Breton, o caráter decididamente moderno da *Encyclopédie*, seu aspecto revolucionário para um comércio, até então, confinado em públicos muito particulares. Dentro das condições de sua época, ele conseguiu abrir brechas, derrubar monopólios ou rendimentos privilegiados, alçar a figura do editor ao cume das hierarquias sociais, mas não podia ir mais além e engendrar as mudanças que o século XIX viria a conhecer. Seus filhos continuaram sua obra e, por intervenção de Désiré Dalloz (MOLLIER, 1988a, cap. 2), foi concedida uma continuidade a seu empreendimento, o enciclopedismo no campo do saber jurídico, em substituição à tentação de difundir o conhecimento universal após tê-lo dobrado às exigências de uma coleção de obras impressas.

Do "Dicionário da conversação e da leitura" ao "Grande dicionário universal do século XIX"

O jornalista de origem irlandesa, William Duckett, deixou uma importante contribuição à história das enciclopédias ao redigir, a partir de 1832, um *Dictionnaire de la conversation et de la lecture, inventaire raisonné des notions générales les plus indispensables*, composto por uma reunião de eruditos e de gente de letras. A originalidade do empreendimento resultou do sistema inicial de comercialização em grande escala. Numa época em que o mercado livreiro francês atravessava um período de marasmo preocupante e conhecia uma crise aguda de 1826 a 1835, senão 1839 (CHARTIER; MARTIN, 1990-1991), o idealizador do projeto convenceu seu impressor e parceiro comercial, Auguste Belin-Mandar, a utilizar um modo de difusão moderno, o fracionamento dos volumes em um número limitado de fascículos, mais precisamente de cadernos, eles mesmos progressivamente reunidos em fascículos, depois em volumes que formariam a quantidade de tomos da coleção. Em 1832 essa fórmula não é totalmente nova, uma vez que já era utilizada correntemente na Grã Bretanha há alguns anos, mas ela só se generalizará verdadeiramente na França por volta de 1848, com a moda do "romance a 4 *sous*" (MOLLIER, 1998b), que se presta admiravelmente a este tipo de edição fragmentada. Enquanto isso, Paulin, com seu *Gil Blas*, de 1833, depois a maior parte dos editores de séries custosas, como Michel Lévy com *Les Bagnes* (MOLLIER, 1984), haviam conferido à publicação de obras em fascículos seus atestados de nobreza. Em todos os casos citados, o que se buscava era um ajuste mais bem-sucedido da oferta à demanda. A preparação do programa era precedida por uma intensa campanha publicitária, com distribuição maciça de folhetos, impressão de cartazes e anúncios destinados a popularizar a iniciativa. O interesse dessa receita comercial é evidente: o investimento é menos maciço do que para a produção de volumes espessos, pois o giro do capital adiantado é rápido. A gestão dos estoques é limitada, na medida em que o impressor adapta sua produção em função dos números da venda real do fascículo precedente, e não de sua venda suposta, o que os economistas atuais chamam de trabalhar a fluxo estendido. O preço da obra, fracionado no tempo, permite visar uma clientela menos abonada do que aquela que comprará a coleção completa no lançamento da campanha de publicação. O modo de difusão destrói igualmente o torniquete do circuito da venda a varejo, espalhada ainda de forma débil e desigual sobre o território nacional, confiando a prospecção aos mascates encarregados de remediar as falhas do sistema tradicional. Revolucionária, a invenção dos fascículos permite, ao mesmo tempo, testar a elasticidade do leitorado – nó górdio da edição em todas as épocas –, assegurar o giro ideal do capital investido e conciliar a flexibilidade dos meios materiais e humanos com o máximo de lucro. Supondo um aumento importante no número dos leitores consumidores, beneficiando-se das inovações publicitárias do momento, esse procedimento comercial estava particularmente bem adaptado a um período de dúvida e crise da edição francesa (MOLLIER, 1995a, p. 17-38).

William Duckett e seus associados souberam aprender com o passado, recorrendo a colaboradores ilustres, como Broussais, Chateaubriand, Victor Hugo, Louis Napoléon Bonaparte, que somam seu capital simbólico e social ao capital material da empresa. Um pequeno número de redatores realizava o essencial do trabalho que o idealizador dominava perfeitamente, graças a seu íntimo conhecimento do jornalismo britânico, então o mais competitivo do mundo. O título da obra confirma, enfim, a audácia de William Duckett, que trazia para a França uma fórmula já bem-sucedida nos âmbitos germânicos, a do *Dictionnaire de la conversation et de la lecture*, cópia transparente do *Konversationslexicon*, distribuído pelo grande editor de Leipzig, Friedrich Brockhaus, desde 1809, data em que arrematou a enciclopédia proposta em 1796 por Loebel, sob o mesmo título. Em 1842, Joseph Meyer, em Leipzig, e depois Herder, em Fribourg, continuaram a disputar com Brockhaus as porções lucrativas do mercado de dicionários enciclopédicos, até o final do século XIX (CHARTIER; MARTIN, 1990-1991; BARBIER, 1995). Na própria França, o lançamento da *Encyclopédie des gens du monde*, distribuída pelos livreiros Treuttel e Würtz, confirma o sucesso da operação montada por Duckett e prontamente imitada ou plagiada. A parte comercial do hebdomadário profissional do pessoal do livro, a *Bibliographie de la France*, seu "Feuilleton", registra efetivamente nesses anos verdadeiros boletins ou comunicados beligerantes dos preocupados editores, cada um acusando o concorrente de, vergonhosamente, haver copiado o dicionário alemão.[3]

Em relação ao modelo matricial, que foi a *Encyclopédie* de Diderot, destacaremos aqui a internacionalização acelerada do conteúdo e das formas da série, bem como a inovação do produto, que aumentou sua capacidade de venda, baixando consideravelmente o preço de chamada das subscrições. Se nos detivermos nessa etapa da organização de um mercado de enciclopédias na França, veremos que o primeiro livreiro-editor, o impressor Belin-Mandar, teve de ceder seus direitos a um concorrente mais competitivo, Maximilien Béthune, sócio de Henri Plon, pelo qual a empresa se tornou Béthune et Plon, depois Plon (MOLLIER, 1988a, cap. 4), e que, em 1841-1842, os novos concessionários tiveram a idéia de rentabilizar seu investimento, extraindo da obra inicial um derivado, o *Dictionnaire de conversation à l'usage des dames et jeunes personnes*. A retomada da fórmula inicial em 1851-1858 – 16 volumes in-quarto, cada um compreendendo 10 fascículos de 80 páginas, vendidos a 1,25 F e abundantemente ilustrados – demonstrava, igualmente, a vontade do precursor, Duckett, em continuar colhendo, em todos os sentidos, os frutos de sua sorte, até que se esgotasse a capacidade deles de assegurarem um lucro conveniente. A declinação da enciclopédia mãe em séries de formatos variados e sua explosão em livros derivados sublinham a extrema elasticidade dessas coleções de obras de divulgação do saber. Procurados por essa característica pelos editores,

---

[3] Ver, por exemplo, os números dos anos 1833-1834 da *Bibliographie de la France*, em sua parte "Feuilletton".

impressores e proprietários das fábricas de papéis, esses produtos de largo consumo demonstravam uma agilidade muito maior do que as obras comuns. É evidente que sua propagação era facilitada pelo progresso da escolarização, pela incorporação do campo dada a extensão da rede ferroviária e pelas necessidades culturais de uma população que vivia o princípio da revolução industrial.

O conjunto desses fatores não explica totalmente a moda das enciclopédias e dos dicionários no século XIX, e não poderíamos negligenciar a fome de saber de seus redatores, suas ambições pedagógicas e morais, assim como o gosto pronunciado do público por essas bibliotecas portáteis, cuja leitura familiar e coletiva correspondia à maneira de viver da época. A *Encyclopédie catholique* do Abade Glaire e do Visconde Walsh surgiu em 1838. A *Encyclopédie du XIXe siècle* – aquela cujo título forçará Pierre Larousse a modificar o de sua grande obra – trazia as mesmas finalidades religiosas, enquanto que a *Encyclopédie théologique* do Abade Migne se dirigia essencialmente aos clérigos. A *Encyclopédie nouvelle* de Pierre Leroux apareceu em 1841, anunciando as coleções ulteriores com enfoques republicanos ou socialistas. Positivistas ou católicos, socialistas ou burgueses conquistadores, todos compartilhavam essa concepção de saber que o leitor poderia abarcar com a condição de disciplinar sua sede de conhecimento, de adotar a metodologia proposta pelos enciclopedistas e de se ater a uma leitura relativamente coagida dos volumes, o que a forma, no entanto, não supunha, uma vez que o detentor de uma série completa tinha toda a liberdade de preferir um passeio a esmo no labirinto dos livros que compunham a coleção.

Foi Pierre Larousse quem desenvolveu e encorajou essa técnica perfeitamente subjetiva em nome de um novo ideal moral, o prazer do indivíduo. Claro que ao introduzir informações em lugares inesperados, ele não inovou completamente, pois Diderot e D'Alembert já haviam, com freqüência, procedido da mesma forma. Os pais da *Encyclopédie* do século XVIII utilizavam estratégias para contornar a censura, enquanto que o lexicógrafo do século XIX decide quebrar as regras anteriormente respeitadas na confecção de dicionários enciclopédicos. A lei do prazer guia o erudito pedagogo e moralista que preferiu escrever "para essa classe inumerável de leitores que se chama todo mundo" (LAROUSSE, 1866-1876, Prefácio). Citando Moliére, mas, sobretudo, convencido por sua dupla experiência, como professor primário e autor de múltiplos livros escolares, de que o saber triste desencoraja tanto o adulto quanto a criança, ele faz de sua subjetividade, do seu eu, mais do que de sua ideologia republicana, o motivo de sua obra.[4] Sua filosofia laica, republicana e militante, o ancorava em seu século, pois ele considerava que a revolução de 1789 estava na origem da eclosão do novo mundo, sendo o acontecimento que justifica seu projeto. Após ter prestado uma enfática homenagem a seu predecessor, Diderot o magnífico, e ter denegrido todas as tentativas feitas no mundo, desde 1780, para imitá-lo, ele explica por que decidiu ser, ao mesmo tempo, o autor, impressor, editor e livreiro de sua obra.

Sua profunda originalidade reside nesse ego monstruosamente inflado que lhe permite triunfar quando todos os peritos de sua época previam seu fracasso – com razão, se raciocinarmos em termos de um estudo racional da conjuntura econômica. Sem essa confiança excepcional em si mesmo, sua certeza absoluta de ter razão contra todos, ele não teria empreendido uma obra que o arruinava, fisicamente e materialmente. O otimismo do homem é conhecido, assim como seu *gai savoir*, mas é preciso sublinhar o caráter paradoxal, atípico sob esse ponto de vista, do sucesso do *Grand Dictionnaire universel du XIXe siècle*. Em 1869, quando Pierre Larousse decidiu se tornar impressor de sua enciclopédia, Augustin Boyer, o homem que colaborara, desde 1852, com a edificação da sólida casa de edições escolares, retirou-se da sociedade. Apesar de aquele bom administrador ter implementado técnicas de venda as mais sofisticadas – o prospecto e a subscrição para atrair os fundos da clientela, primeiro capital do negócio, a utilização do sistema de fascículos, que limita as despesas com o estoque, etc. – Augustin Boyer recusou seu apoio pessoal e a disponibilidade de suas economias, não obstante estas terem sido adquiridas com a difusão dos manuais escolares de Pierre Larousse. Este último teve de vender sua casa de campo e mobilizar sua fortuna pessoal a fim de arcar com o exército de redatores, tipógrafos e

---

[4] Ver MOLLIER e ORY, 1995, principalmente minha introdução, "Un sphinx bourguignon", p. 9-27.

empregados indispensáveis à realização de seu projeto, único filho que aceitou conceber, como ele próprio escreveu, de forma vertiginosa, em seu prefácio (LAROUSSE, 1866-1876, Prefácio).

Agora que a época – meados do Segundo Império – via a passagem do editor à empresa de edição, ilustrada pela formação da sociedade L. Hachette & Cie, Pierre Larousse agia sozinho, apesar de e contra todos. Ele teve o cuidado de explicar sua ambição e comparar sua enciclopédia com aquela de Diderot. O autor é, para Larousse, aquele que acompanha uma obra, da redação do manuscrito até a colocação do volume para venda. Ninguém poderia modificar uma única vírgula, suprimir uma palavra em suas notas. Seu amor pelo próximo e seu respeito pelo leitor passavam por essa exigência, que o sistema técnico considerava obsoleto. Na editora Hachette, todos os contratos referentes à redação de dicionários mencionavam o direito absoluto de o editor impor certas normas, cortes ou modificações, em função de imperativos econômicos. Na Pierre Larousse, o autor-impressor-editor não corria, evidentemente, nenhum risco desse tipo; arriscava-se, sim, a perder sua fortuna e fracassar antes de levar a termo sua aventura, ocorrência, em princípio, impossível em outros lugares, uma vez que a equipe de trabalho recrutada e paga pelo editor permanecia no local, quaisquer que fossem as oscilações dos destinos individuais, e não obstante o eventual falecimento dos primeiros redatores. Pierre Larousse faleceu antes de chegar ao porto, mas com o espírito em paz, porque sabia que sua viúva e seu sobrinho prosseguiriam na produção dos últimos fascículos. Com sua morte, os dois peritos designados para realizar a avaliação de seus bens, grandes profissionais competentes, respeitados por seus colegas, confirmaram a fragilidade financeira de uma obra inacabada (MOLLIER, 1988a, cap. 9), mas, um ano depois, o último volume encadernado foi posto à venda, e o *Grand Dictionnaire universel du XIXe siècle* estava completo, poderoso em seus 15 enormes tomos.

Portanto, contrariamente às idéias preconcebidas e ainda veiculadas atualmente na história da edição, Pierre Larousse não foi um grande editor, mas, melhor do que isso, o prodigioso autor da única enciclopédia que recusa a aparente objetividade do saber, a neutralidade indulgente sobre os assuntos sensíveis a fim de não ferir as suscetibilidades, em benefício da mais completa subjetividade de um espírito laico, republicano, militante e apaixonado. Exemplar, sua obra não será imitada sob esse ponto de vista, e, sobretudo, pelos proprietários da casa "Vve P. Larousse & Cie" que, após 1885, reúne novamente os dois ramos do início, a linhagem Boyer e a de Pierre Larousse (MOLLIER, 1988a, cap. 9). Em contrapartida, uma de suas iniciativas no setor da distribuição terá um belo futuro, a venda a crédito ou a prestação. Racionalizada pelo livreiro-editor Abel Pilon, inventor do "Crédito literário e musical para a aquisição de música e livros", esse novo método de venda permitia a comercialização de grandes séries de obras muito caras, como os dicionários, as enciclopédias e os livros práticos de grande formato. Em uma época em que o crédito ainda é gratuito, o escalonamento das mensalidades ao longo do tempo traz a vantagem de expandir a clientela e poder continuar, por longo período, a prospecção de potenciais leitores. Em relação à Larousse, considera-se que a venda do *Grand Dictionnaire universel du XIXe siècle* só tem fim em 1930, ou seja, 56 anos após a totalidade da coleção ter sido posta no mercado. Após a impressão de um primeiro *Supplément* em 1878 e de um segundo em 1890, 150 mil séries completas haviam sido vendidas, em 15, 16 ou 17 volumes, o que corresponde a um montante total impressionante: cerca de 100 milhões de francos-ouro antes de 1914 ou dois bilhões de francos em 2001, ou seja, 30 milhões de euros.[5]

Da "Grande Enciclopédia" de Marcelin Berthelot ao "Larousse do século XX"

Na origem da publicação de *La Grande Encyclopédie*, que aparecerá, primeiro em fascículos e depois em volumes, de 1885 a 1895, não houve, como diz a história, Camille Dreyfus e Marcelin Berthelot, mas sim uma reunião extraordinária de financistas e homens do livro. Quando a sociedade foi criada, em 28 de abril de 1883, em comandita por ações que dividiu seu capital de 400.000 F – oito

---

[5] Cada tomo era vendido a 40 F, a coleção em 15 volumes por 600 F, antes do acréscimo dos dois suplementos.

milhões em 2001 –, encontrava-se efetivamente um pequeno livreiro, Joseph Baer, um de seus colegas, Henri Lesoudier, um dono de fábrica de papel, Georges Olmer, o jornalista Julien Turgan, criador da série *Grandes Usines*, e Camille Dreyfus, conselheiro municipal de Paris e secretário da *La Revue*. A todos esses homens, que investiram apenas 58.500 F, teria sido impossível conferir à sociedade de edição os meios necessários para o lançamento de uma nova enciclopédia em 31 volumes. Alguns financistas de primeiro escalão ofereceram sua ajuda, entre eles Daniel Wilson, genro do presidente Grévy, que investiu 65.000 F, Charles Lalou, proprietário do jornal *La France*, 25.000 F, o banqueiro Raymond Seillière, a mesma soma, Auguste Dreyfus, o homem do guano peruano (MOLLIER, 1991, p. 262-264), 40.000 F, o que prova que na origem desse projeto foram os homens do dinheiro que deram ao empreendimento intelectual as condições para sua realização. Nesse sentido, *La Grande Encyclopédie* pertence ao século XX, e finaliza o processo iniciado em torno de 1750 sublinhando o caráter eminentemente econômico de uma enciclopédia moderna.

Daniel Wilson, o homem do escândalo das decorações, "Don Augusto Dreyfus", amigo e parente de seu sogro, Charles Lalou e Raymond Seillière fizeram correr tinta demais por suas ignomínias para que seja indispensável retocar seu retrato de grupo (MOLLIER, 1991, p. 262-264). Se eles resolveram apoiar esse projeto republicano, foi por terem sido convencidos pelos argumentos de Camille Dreyfus e Marcelin Berthelot. Este erudito sublinhou, no prefácio da obra, sua originalidade em relação à de Pierre Larousse. Rejeitando a subjetividade em prol da imparcial objetividade científica, do prazer pelo método e pelo rigor, eles pretendiam insuflar um espírito militante, até mesmo socialista, na coleção. Tendo adotado o princípio da assinatura individual para os artigos mais importantes, eles retomavam um dos argumentos do *Dictionnaire de la conversation et de la lecture*, afirmando que *La Grande Encyclopédie* era redigida por "um grupo de estudiosos e pessoas das letras", ao mesmo tempo em que declaravam que seu empreendimento era "um inventário organizado das Ciências, das Letras e das Artes", o que o assemelhava ao de Diderot. Distinguindo-se do *Grande Dictionnaire universel du XIXe*

siècle, reduzido a um "dicionário muito interessante",[6] desprovido de espírito crítico e de método, mas situando-se, deliberadamente, no sulco traçado pelo *Konversationlexicon*, cuja 13ª edição apareceria em 1882, e pela *New American Encyclopaedia* nova-iorquina da Appleton, *La Grande Encyclopédie* dissimula meticulosamente sua profunda originalidade, o imediato apoio do setor bancário à sua iniciativa.

Contrariamente ao que figura em todas as obras que lhe dizem respeito, não era Henri Lamirault, o editor que assinava os volumes, quem a dirigia. Com a morte, em 1884, de Joseph Baer, o primeiro administrador da sociedade em comandita, Daniel Wilson, o homem-chave do acordo financeiro, presidindo a assembléia geral extraordinária dos acionistas em 24 de maio de 1884, rejeitou a ofertas dos serviços de Albert Quantin, diretor da Librairies, Imprimeries Réunies (MOLLIER, 1991, cap. 8) e fez nomear um livreiro modesto, Aaron Lévy, como novo gerente responsável. Dois anos depois, Henri Lamirault lhe sucedeu, sempre com a anuência do "Senhor Genro", o que explica que os 31 volumes de *La Grande Encyclopédie* tragam como razão social "H. Lamirault & Cie", conforme as leis relativas às sociedades. Em 1887, Daniel Wilson se outorgou a produção dos volumes através da gráfica Arrault de Tours, da qual era proprietário, e aumentava o capital social da companhia de 400.000 para 600.000 F. A empresa era rentável, já que o conselho de administração, reunido em 1890, votou o princípio do pagamento de um dividendo de 5% às ações e, em 1892, decidiu a emissão de obrigações na cifra de 500.000 F para o arremate do edifício financeiro que havia conduzido à pia batismal essa última coleção enciclopédica do século XIX francês.[7]

Cientista de primeira linha, acadêmico e patrono do Collége de France, o homem que afiançara essa coleção, Marcelin Berthelot, era também um intelectual parisiense muito considerado, que freqüentava tanto o mundo político – foi ministro – quanto os salões do Tout-Paris literário e artístico. Inteirando-se dos progressos da ilustração fotográfica na impressão dos livros, Berthelot imitava Brockhaus,

---

[6] Ver o prefácio da *Grande Encyclopédie* (1885-1895).

[7] Para todas as informações referentes à associação financeira de La Grande Encyclopédie, ver MOLLIER, 1991, cap. 8.

Herder e Meyer, cuja qualidade nas reproduções iconográficas assegurava uma parte do sucesso de suas enciclopédias, e conferiu à imagem o *status* que dali por diante seria também seu, na ascensão dessas grandes maquinarias comerciais. Vendidos em fascículos, posteriormente reunidos em volume de dimensão mais reduzida do que o *Grand Dictionnaire universel du XIXe siècle*, os artigos de *La Grande Encyclopédie* beneficiavam-se igualmente da venda a crédito, assim como haviam incorporado a lição da bibliografia e erudição germânicas. Mais históricas e científicas do que as notas do Larousse original, essas do final do século retiravam do tesouro enciclopédico dos povos do planeta o melhor de suas descobertas. Fruto de uma reflexão racional e coletiva, *La Grande Encyclopédie* era, no entanto, ambiciosa demais, com seus 31 volumes, para ultrapassar o limite das primeiras edições reservadas aos assinantes do início.

No entanto, sua inovação principal reside no arranjo financeiro que permitiu sua decolagem e, nesse sentido, ela permanece um marco precioso na história da comercialização e, portanto, da difusão das enciclopédias. Enquanto que na época de Pierre Larousse, o sistema bancário e financeiro ainda não havia tomado consciência de que uma nova perspectiva se abria para ele, os homens de negócios que traziam sua contribuição ao projeto de Camille Dreyfus antecipavam-se ao século XX e anunciavam o apoio, pelos grandes estabelecimentos de crédito, da corretagem ou da venda das enciclopédias por correspondência. A presença de Daniel Wilson no cerne do sistema poderia levar a pensar que se tratava de um arranjo arriscado, uma vez que o traficante de condecorações da Legião de Honra tinha a reputação de ter sido um reles escroque de pouca envergadura. Herdeiro do fundador das fábricas de Creusot, compradas pela família Schneider em 1836, proprietário de uma imensa fortuna industrial e sensato administrador dos bens de seu sogro, Wilson era, pelo contrário, um financista considerado um dos melhores de seu tempo, mesmo que tenha sido vítima de sua total falta de escrúpulos em um momento de sua carreira (MOLLIER, 1991, cap. 8). Sua participação na difusão de *La Grande Encyclopédie* ilustra, conseqüentemente, o caráter racional da concepção dessa coleção que obrigou a casa Hollier-Larousse & Cie – novo nome da empresa que sucedera à Cie

Vve Larousse – a retomar a iniciativa para não desaparecer face a uma concorrência, dali por diante, mundial. Completada essa publicação, os dirigentes da empresa da Rua du Montparnasse lançaram no mercado o *Nouveau Larousse illustré* – sete volumes e um *Supplément* publicados de 1897 a 1904. Com mais de 250 mil exemplares comercializados graças a seu preço módico, o novo produto trazia uma bela iconografia acrescida aos modelos usados anteriormente, e apostava na redução do número de volumes, a fim de diminuir tanto o custo global da operação de comercialização do livro, quanto o investimento dos compradores. Essa adaptação lúcida às possibilidades do leitor do século XX, cujo tempo livre é solicitado por inúmeras atividades, assinala as outras realizações da casa Hollier-Larousse: o *Larousse pour tous*, em dois volumes, dos anos 1907-1908, e o *Larousse du XXe siècle*, em seis volumes, dos anos 1928-1933, idealmente concebidos para a nova classe média, que constituiu o essencial da classe leitora no período entreguerras. Esse golpe de interrupção brutal à inflação do conteúdo material de uma enciclopédia traz todos os sinais da modernidade. Comparativamente, os 72 volumes, acompanhados de 10 *Appendices de l'Enciclopedia Espasa*, do período 1907-1933 (CASTELLANO, 1994) estão mais próximos de *La Grande Encyclopédie* de Marcelin Berthelot ou da de Diderot do que os atuais CD-ROM da *Encyclopaedia Britannica*, que em 1996 solucionaram o problema da exigüidade dos apartamentos modernos e do preço de lançamento de uma coleção, a partir de então disponível a "essa classe inumerável de leitores que se chama todo mundo".

A guisa de conclusão

Toda escolha é arbitrária, e o estudo de todas as enciclopédias surgidas na França no século XIX teria provavelmente trazido outras informações sobre a evolução do gênero. Aquelas que selecionamos aparecem como marcos na história da empresa enciclopédica. Além das ambições ideológicas, políticas, culturais, pedagógicas, morais, religiosas ou laicas, sempre reconhecidas pelos idealizadores e analistas, apontamos uma dimensão econômica onipresente nos projetos que conheceram um sucesso real. Aliando um *savoir-faire* industrial, eficácia comercial e uma organização financeira rigorosa, eles se dotavam dos meios indispensáveis para o seu êxito. Das 24 mil coleções da *Encyclopédie* de Diderot aos 250 mil do *Nouveau Larousse illustré*, passamos de um programa destinado à elite da época a uma produção industrial visando a população como um todo. Como é comum na história do material impresso, a alteração na escala é acompanhada por um fenômeno de mudança por parte do leitorado. No final do século XX, os círculos cultos da aristocracia e da burguesia tendem a rejeitar o gênero enciclopédico, doravante vulgar por ter sido popularizado, e os representantes itinerantes das grandes casas editoras especializadas nesse domínio direcionam seus esforços para as famílias de empregados e operários qualificados, que se tornaram alvo privilegiado desses modernos corretores.

A lógica financeira prevalece sobre todas as outras, porque a concretização de uma enciclopédia, de sua concepção à sua comercialização, mobiliza hoje somas consideráveis. A Societé Larousse foi comprada em 1984 pela CEP-Communication, ela mesma controlada pelo grupo Havas, pulmão do Groupe de la Cité desde a saída da CIT-Alcatel, em 1995, e faz parte, atualmente, da gigante Vivendi Universal, que substituiu sua filial Havas pela Vivendi Universal Publishing, nome que evoca as mudanças do ano 2000.

O objetivo desses impérios do impresso não é mais tanto o domínio do mercado livreiro, mas das vias de informação. Eles estão empenhados no desenvolvimento de um CD-ROM capaz de armazenar estoques de informação quase inesgotáveis. Eles conseguirão melhorar nitidamente sua atualização, apresentação e maleabilidade, a busca do leitor em um universo muitas vezes angustiante e sua participação por meio da imagem, do som e, no futuro, talvez, do aroma e do toque. Se o objetivo dos grandes precursores, Diderot e Larousse, permanecer intacto, não haverá nada do que se lamentar por essas adaptações do objeto, pelas mudanças da embalagem material, mas se o projeto humanista, emancipador, ceder seu lugar a um condicionamento ideológico disfarçado numa composição de gosto mediano, as enciclopédias terão se tornado sobretudo máquinas de destruição do pensamento, e não de sua expansão. Ninguém pode decidir hoje como será o futuro, mas a análise atenta das lógicas econômicas, implícitas na produção desses imensos empreendimentos, nos leva a compreender melhor a aposta louca de Pierre Larousse, a de ser o autor, impressor, editor e livreiro do *Grand Dictionnaire universel du XIXe siècle*, a fim de assegurar ao público a autenticidade da obra. Podemos então imaginar associações internacionais utilizando as vias de informação, navegando pela Web para confeccionar montantes de saber perpetuamente revisados e constrangendo as sociedades comerciais a imitá-las, a fim de não perder mercados que se tornaram preciosos demais para serem negligenciados.

CAPÍTULO VI

Biblioteca de Babel: coleções, dicionários e enciclopédias

Desde a destruição da torre de Babel e seu corolário, a multiplicação de línguas, os homens têm vivido separados, sempre sonhando em reencontrar, um dia, sua unidade perdida. Tal é a versão um pouco estranha dada pelo Gênese sobre esta *hubris* que se apropriou dos filhos de Adão assim que eles decidiram verificar o que se passava nos céus. Objeto de múltiplas interpretações, esse mito das origens é recorrente no século XIX, e é Pierre Larousse quem o evoca, em seu prefácio ao *Grand Dictionnaire universel du XIXe siècle*, a propósito do empreendimento de seus predecessores, Diderot e D'Alembert. Citando Jules Janin, para quem a *L'Encyclopédie* era uma obra-prima abortada, um monstro sem proporções, alternadamente anão e gigante, colosso e pigmeu, em uma palavra, uma Babel (LAROUSSE, 1866-1876, p. XXX), ele acrescenta em seguida a réplica de Henri Martin a esse comentário mesquinho: "Babel, que seja, mas Babel construída com materiais preciosos. Houve algo além de um orgulho ímpio nesta espécie de apoteose do espírito humano: houve o amor sincero pela humanidade" (MOLLIER, 1866-1876, p. XXX).

Já antes de Borges e suas variações sobre a biblioteca de Babel (BORGES, 1983), a comparação tinha se imposto entre os projetos enciclopédicos e a criação de uma língua universal, único modo verdadeiro de se ler sobre o desenvolvimento do espírito humano em todos os aspectos.

Se o século XIX foi efetivamente o "século dos dicionários" – ainda é Pierre Larousse quem fala[1] –, também foi o das coleções e das enciclopédias, tendo as primeiras freqüentemente integrado a intenção dessas últimas em sua ambição original. O princípio da reunião de textos tinha nascido no século XVII e prosseguiu no século seguinte, mas foi após 1830 que a quase totalidade dos livreiros-editores se lançaram na confecção de coleções que resumiam em si todas as suas estratégias e políticas comerciais. Da *Bibliothèque Charpentier,* de 1838, à *Modern Bibliothèque de Fayard,* em fevereiro de 1904, passando pela *Collection Michel Lévy* a 1 F, de 1855, centenas e centenas de coleções ou bibliotecas variadas foram colocadas à disposição do público, a fim de seduzi-lo e torná-lo fiel a um produto que supostamente lhe traria tudo o que ele procurava, no universo de sua predileção. Do princípio da coleção que visa a completude, a totalidade, e pretende elevar um edifício ou erigir uma torre do saber, ao dicionário e à enciclopédia, soma de todas as coleções disponíveis, é todo o século concebido pelas gigantescas agitações de 1789 que aparece em sua singularidade ou seu orgulho desmesurado. Otimistas, e crendo no progresso ilimitado das sociedades humanas – antes de junho de 1848 para os poetas, e da guerra de 1870 para os espíritos mais ponderados ou endurecidos –, os homens do século XIX tentaram escrutar as estrelas para nelas verificar a ausência de toda divindade e encerrar a totalidade do conhecimento em livros que contribuiriam para a felicidade da espécie humana.

Ser uma coleção ou não

As bibliotecas sem muros nasceram no *Grand Siècle* e se difundiram na época de Voltaire, antes de encontrar seu caminho nos decênios que se seguiram à Revolução Francesa. Roger Chartier contabilizou 31 publicações periódicas editadas entre 1686 e 1789, entre as quais a *Bibliothèque universelle des romans* – 224 volumes in-12 surgidos entre 1725 e 1789 – e a *Bibliothèque des dames* – 156 volumes distribuídos entre 1785 e 1797 (CHARTIER, 1996). Assim,

---

[1] LAROUSSE, 1866-1876, p. V. Ver também *Le Siècle des dictionnaires,* dossiê do museu d'Orsay (SAVY; VIGNE, 1987).

vislumbra-se, na referida época, um duplo objetivo que será transmitido ao gênero após 1800 ou 1815: a tendência à completude e à universalidade. Separando-se dos periódicos que os precursores haviam imaginado reunir em bibliotecas de textos ou fragmentos escolhidos, as coleções romanescas ou dramáticas irão conhecer uma extensão sem precedentes no século XIX. Ao consultar, por sondagem, a *Bibliographie de la France*, avalia-se a mudança de escala ocorrida no momento em que se desenvolve a edição a baixo custo, simplificando após 1848. Efetivamente, registramos oito coleções de romances em 1834 e 1835, mas a mesma fonte, o *Journal de l'imprimerie et de la librairie*,[2] menciona 170 em 1860. Evidentemente o fenômeno conquistou toda a categoria, e nenhum editor sério poderia pensar em fazer fortuna se seus catálogos não propusessem aos leitores diversas coleções de textos semelhantes, romances de aventuras, romances para os jovens, para as mulheres, para as mocinhas, para as crianças, etc. Com o advento da coleção, desenvolveu-se a divisão dos indivíduos em categorias, e o consumidor devia estar seguro de que encontraria, na série de sua predileção, o que o havia seduzido anteriormente. Para uns, o autor conduzia a organização da coleção – por exemplo, as *Œuvres complètes* de Alexandre Dumas pai a 2 F o volume na Michel Lévy Frères, em 1846; para outros, a organização se pautava em escritores que apresentavam certo número de analogias – os autores da *Bibliothèque Rose Illustrée*, de Louis Hachette após 1857 – ou ainda em textos com propostas idênticas – a *Bibliothèque des Merveilles*, do mesmo editor.

Pierre Larousse (1866-1876) propôs três definições para "coleção" em seu *Grand Dictionnaire universel du XIXe siècle*. Partindo da simples reunião de textos, ele evoca as antologias contendo diversas obras compostas sobre o mesmo tema – a Collection des Pères de l'Église, ou aquela dos Bollandistes, se inscrevem neste caso – e realiza seu percurso descritivo detendo-se no amontoamento, na acumulação de objetos mais ou menos heteróclitos que lhe parece a característica da época em que se acha inserido. O próprio Balzac (1966, p. 826)

---

[2] Georges-André Vuaroqueaux cita esses números em sua tese sobre a edição popular e as estratégias editoriais do século XIX.

sentira as mudanças que transformavam rapidamente o mundo do comércio livreiro. Na explicação de texto ou na orientação que Lousteau dava a Lucien de Rubempré, lemos esta observação aparentemente estranha: "Você será uma coleção". Para conhecer o sucesso, o homem de letras não podia mais, após a revolução das *Trois glorieuses*, produzir uma obra rara, sobre a qual tivesse penado durante meses ou anos, segundo o modelo recomendado pelo Cénacle ou, mais tarde, aquele de Flaubert, mas volumes da mesma fatura, de um idêntico calibre, base da coleção. Dumas compreendera bem sua época, lançando o primeiro folhetim concebido a vapor,[3] e os polígrafos que o imitavam forneceram à livraria francesa, assim como à imprensa periódica, o elemento principal de suas bibliotecas literárias. Recordaremos alguns períodos vigorosos nessa escalada ascendente das grandes coleções romanescas: a Bibliothèque Charpentier, concebida como a "Coleção das melhores obras francesas e estrangeiras" em 1838 (OLIVERO, 1994; 1999), as *Œuvres complètes* de Alexandre Dumas pai em 1846, a Collection Michel Lévy, a 1 F em 1855, e depois, no início do século seguinte, a Modern Bibliothèque a 0,95 F e o Livre Populaire a 0,65 F, da Fayard, em 1904-1905. Ao reduzir constantemente o preço do livro, de 7,50 o volume, antes de Charpentier – freqüentemente 15 F por causa da divisão dos livros em dois tomos –, para 13 *sous* depois de 1900, os editores atingiram seu objetivo: sempre fazer entrar mais autores e títulos em suas coleções, a fim de manter o leitor em estado de frustração por todo o tempo em que não conseguisse esgotar a série.

O que é amplamente conhecido no âmbito do romance, e no gênero do teatro que o precedeu em 1825-1835, é possivelmente um pouco menos para os gêneros não ficcionais, nas quais no entanto, a coleção provocou os mesmos fenômenos, a ponto de obrigar o estudioso ou o divulgador aos mesmos esforços do romancista. Após 1850, as "bibliotecas úteis" se multiplicaram entre os editores científicos, Jean-Baptiste Baillière, Victor Masson e outros do gênero, entre aqueles que preferiam colocar as descobertas a serviço do grande público, como Roret, mas também entre os imitadores e plagiadores.

[3] Ao menos é a crítica divertida que Louis Reybaud faz sobre o assunto, em *César Falempin*, romance do final da Monarquia de Julho.

As bibliotecas universais se sucediam num ritmo frenético, tornando mais delicado, até impossível, o projeto de exaustão subjacente à coleção de obras completas. A primeira podia ser gigantesca – a coleção de autores latinos, chamada Bibliothèque latine-française, ou a Collection des classiques françaises –, mas sua concretização permanecia possível em alguns anos ou decênios. Com a coleção que visava à universalidade, entramos em um outro universo, o do amontoamento, do *bric-à-brac* de objetos mais ou menos inassimiláveis, reunidos apenas para dar ao leitor a ilusão de que sua posse era indispensável ao homem moderno. Em 1892, com Arthème Fayard e sua Bibliothéque universelle de poche a 0,25 F, temos, além disso, um resumo das experimentações e tentativas precedentes, pois ele deu à coleção universal o caráter portátil que, desde a Bibliothèque de poche de Paulin, em 1846, não cessara de reduzir o tamanho dos livros para satisfazer a exigência da clientela.

Assim se encerra um ciclo iniciado nos anos 1750-1780, quando o destino de *L'Enciclopédie* levou seus editores, Le Breton e depois Panckoucke, a declinar a coleção sob todos os formatos então possíveis – infolio, in-quarto, depois in-oitavo –, a reduzir o seu preço de custo para diminuir o preço de venda, a expandir consideravelmente o tamanho do leitorado e a inventar uma seqüência a este ensaio em forma de resumo do saber da época, *L'Encyclopédie méthodique* do final do Antigo Regime (MOLLIER, 1997a, p. 295-310). Assim se iniciava o crescimento do catálogo das edições Panckoucke, um *Dictionnaire raisonné des sciences et des arts* chamando outras séries mais ou menos homólogas, a fim de saturar o mercado e impedir à concorrência qualquer tentativa de se aventurar nesse território. Com suas denominações extremamente gerais – "completo", "universal", "popular", "portátil" ou "de bolso" –, a coleção do século XIX devora os autores a ponto de levá-los a se identificar com ela. O homem-coleção, segundo Lousteau, lembra, assim, um monstro, um Titã que erguerá o mundo, ou um gigante cuja cabeça iria até as nuvens polemizar com as antigas divindades e lhes anunciar a previsão de Nietzsche: "Deus está morto", pois os homens espalham o conhecimento sobre toda a superfície do planeta e o difundem por todas as categorias da população.

O século dos dicionários

Ao lado dos milhares de bibliotecas imaginadas no século XIX para reunir os escritores-coleções de um lado, obras-primas da literatura de outro, ou ainda os conhecimentos úteis e indispensáveis, o dicionário conheceu, também ele, um desenvolvimento fulminante. O gênero existia há séculos, e as grandes obras de Ménage, de Richelet, de Furetière ou de Bayle tinham-lhe conferido seus títulos de nobreza, antes mesmo que a Academia publicasse o seu. Todavia, constata-se após 1815 a mesma mudança de escala que levou numerosos impressores e editores a desejarem inserir esses pesados volumes em seus catálogos. Os livreiros escolares e universitários foram os primeiros, muito naturalmente, a aproveitar o progresso da alfabetização para aumentar o número de compêndios disponíveis ao público jovem. O *Dictionnaire grec-français* de Charles Alexandre, publicado em 1830, foi um dos mais célebres, ao lado dos volumes redigidos por Nicolas Bouillet, mas ele esteve sobretudo na origem da estruturação, na Hachette & Cie, de um dos departamentos mais dinâmicos, o dos dicionários. O futuro inspetor-geral, Gustave Vapereau, antigo aluno da École Normale Supérieure, não pensou estar se diminuindo ao confeccionar um *Dictionnaire des contemporains* que anunciava os *Who's Who* posteriores e que seguia a moda das *Biographies universelles* estilo Michaud, reduzindo-as às personalidades postas sob os holofotes da atualidade.

Foram igualmente numerosos os editores de medicina que seguiram o movimento esboçado por seus colegas que trabalhavam para a universidade, e da mesma forma que houve dicionários para cada língua, incluindo as raras, com seus dois segmentos, tema e versão, implementaram-se e comercializaram-se dicionários de anatomia, de patologia, de cirurgia, que fizeram a fortuna e a reputação das edições Baillière e Masson, bem como de suas concorrentes (MOLLIER, 1988a; SAVY; VIGNE, 1987). A medicalização da sociedade francesa e a sede de saber repercutiram igualmente no âmbito da vulgarização, e as edições Roret também se voltaram para o setor da saúde. Fenômeno europeu e não estritamente nacional, o gênero esteve na origem da decolagem do editor alemão Brockhaus cujo

Konversationlexicon, título que ele comprara de seu inventor Loebel em 1808, foi em pouco tempo imitado por todo o continente. Na França, o *Dictionnaire de la conversation et de la lecture*, de William Duckett, foi apresentado ao público em 1832, quase ao mesmo tempo que a *L'Encyclopédie des gens du monde*, de Treuttel e Würz (MOLLIER, 1997a). Da coleção e da reunião da elite de palavras escolhidas pelo redator de um dicionário de língua ou da compilação de conhecimentos organizados racionalmente, com ordem e método, para que fossem acessíveis aos especialistas ou aos curiosos, passava-se ao amontoamento de rubricas exóticas, científicas ou mundanas, literárias ou frívolas. Melhor, os promotores da série utilizaram, em 1832, um modo revolucionário de comercialização, o caderno – diríamos hoje o fascículo –, a fim de ampliar desmesuradamente a classe de leitores e limitar seu próprio investimento (MOLLIER, 1997a).

O dicionário chegou, em seguida, ao universo do comércio livreiro religioso que deixou a Rua Saint-Jacques pelo bairro do seminário de Saint-Sulpice (SAVART, 1985) e fez a felicidade das livrarias, que transformaram os párocos do campo em alvo de seus prospectos; o Abade Migne se pretendendo, em Montrouge, ser o vencedor dessa corrida em prol de um ganho material e espiritual (BLOCH, 1996). A compilação de noções teológicas ou apologéticas não é mais concebida com uma finalidade missionária – embora esta não desapareça no século XIX –, mas com a intenção de oferecer ao clero a soma de conhecimento sobre o assunto. Nesse sentido, ela pouco se distingue da obra médica ou do volume técnico, preparados dentro de uma perspectiva de mobilização e globalização do saber. Lingüístico, médico, religioso, mundano ou de entretenimento, o dicionário foi igualmente tentado pelo enciclopedismo e numerosos editores propuseram volumes que por si só substituíam todas as bibliotecas do mundo, como o *Dictionnaire français illustré, panthéon littéraire, scientifique, biographique, dictionnaire d'histoire, de botanique, de géographie, encyclopédie des arts et métiers*, lançado por Maurice Lachâtre em 1856. Substituindo, segundo seu autor, dezenas de volumes especializados, ele manifestava plenamente essa tentação de enciclopedismo que no século XIX veio a contaminar permanentemente a coleção e o dicionário. Dupiney de Vorepierre intitulara *Dictionnaire français illustré et encyclopédie universelle* os volumes que lançou de 1856 a 1864, enquanto que Napoléon Landais batizara de *Dictionnaire général et grammatical des dictionnaires français* aquele que garantiu sua celebridade após 1835 (SAVY; VIGNE, 1987).

Ao lado dos guias de civilidade e de viagem, o dicionário foi, em complementaridade com a coleção, o reflexo de uma época que rendia um culto ao saber, acreditava em sua expansão científica e pretendia se tornar senhora e dona da natureza, aprisionando-a nessas séries editoriais que se propagavam em grande escala. Reunião de conhecimentos e noções colhidas em numerosas obras, por si só coleção das coleções, o dicionário se alçou às alturas do saber total e arrastou em sua esteira aquele que o utilizava com freqüência. Ferramenta de apropriação do universo, ele se confundia facilmente, no entanto, com a enciclopédia, a ponto de Pierre Larousse não ter hesitado em dar o título de *Grand Dictionnaire universel du XIXe siècle* ao seu projeto pessoal, assim que constatou que o título mais correto, *L'Encyclopédie du XIXe siècle*, já fora utilizado pelos editores religiosos, atentos em fornecer aos clérigos as respostas às questões que eles se colocavam desde a Revolução Francesa.

A enciclopédia ou as alturas de Babel

Foi no prefácio à sua grande obra, que o lexicógrafo republicano Larousse melhor explicou suas intenções ao publicar o monumental conjunto de 15 volumes e 483 milhões sinais tipográficos, o equivalente a 850 obras de 350 páginas, concluído após sua morte em 1876 (MOLLIER; ORY, 1995). Foi nesse momento de reflexão que ele escreveu: "Haveria então necessidade de uma nova enciclopédia, em um século que já viu a eclosão de tantas que poderia ser chamado *O Século dos dicionários*?" (LAROUSSE, 1876, t. 1, p. V).

Passando em revista sua época, prossegue:

> Nunca a sede de aprender, de saber, de julgar se apoderara tão imperiosamente dos espíritos; jamais o pensamento, continuamente agitado pelas novas descobertas, abordara um conjunto tão vasto de questões e problemas ousados.

Biblioteca contendo todas as bibliotecas do mundo, Babel elevada à abóbada celeste, o edifício empreendido era qualificado de "monumento", erguido para render homenagem ao "gênio do homem", o que demonstra perfeitamente as ambições laicas do idealizador cujos amigos de juventude tinham apelidado "bibliotecário" (p. LXV), mas também de sua *hubris* desmesurada, pois trata-se de consolidar esse templo para substituir os comentários dos padres pelo conhecimento crítico de um universo esvaziado de seus poderes transcendentais. Inscrito em um projeto pedagógico – ensinar os homens após ter instruído as crianças, como redator de manuais escolares e de dicionários de idiomas (MOLLIERE; ORY, 1995)– e democrático – o fim do prefácio anuncia a chegada iminente da jovem Liberdade que transformará as sociedades –, a enciclopédia de Pierre Larousse é um hino ao século XIX. O chefe de orquestra que só se comparava a um único Titã – o general Bonaparte – escreveu em termos líricos: "O germe concebido por 89 é imperecível [e se o] *Grand Dictionnaire universel du XIXe siècle* [foi] o osso de seus ossos e a carne de sua carne" (LAROUSSE, 1876, t. 1, p. LXXIV), é porque ele ousava se comparar ao Deus da Bíblia e subira, sozinho, ao cume da torre de Babel, após haver consagrado sua vida a fornecer a seus concidadãos a língua do mundo, o código que suprimiria as guerras, permitiria a paz universal e reconciliaria os homens entre si.

Sem possuir as qualidades ou a clareza do projeto laroussiano, outras construções da época se aproximaram dele. Com o Abade Migne – o "plagiador de Deus", segundo Howard Bloch (1996) – percebe-se, igualmente, a ambição de encerrar a totalidade do saber teológico nos volumes de sua enciclopédia dividida em 66 tomos. Uma *Encyclopédie catholique*, redigida pelo Abade Glaire e pelo Visconde de Walsh, a precedera, bem como a *L'Encyclopédie du XIXe siècle*, com objetivos comparáveis. Além do clero, outras Igrejas haviam desejado levar suas luzes para o terreno da reunião e da mobilização do conhecimento. A *L'Encyclopédie nouvelle ou dictionnaire philosophique, scientifique, littéraire et industriel* de Pierre Leroux e Jean Reynaud era de inspiração claramente saint-simoniana, assim como o *Dictionnaire français illustré* de Lachâtre se pretendia republicano (BOUFFARTIGUE; MÉLONIO, 1997, Prefácio). No final do século, outros combatentes – dessa vez da ideologia positivista –, conduzidos por Marcelin Berthelot, construíram uma outra pirâmide do saber, a *Grande Encyclopédie*, em 31 volumes, publicada entre 1885 e 1895, e que pretendeu ser o ponto alto do século e seu reflexo mais fiel. Fria, neutra e objetiva, segundo seus redatores que recusavam a subjetividade elevada a regra de Pierre Larousse, a enciclopédia dos eruditos da República era, ela também, uma catedral laica do conhecimento e uma construção destinada a permanecer na memória dos homens.

Clericalistas e contra-revolucionários odiando a lembrança da Grande Revolução, ou laicos, republicanos, até democratas socialistas, todos os autores de enciclopédias situavam suas ações em referência ao Antigo Regime e à obra que começara a desequilibrar o velho mundo, *L'Encyclopédie* do século XVIII. Após 1830, não se podia mais decifrar a palavra divina no grande livro do universo e era preciso, que os partidários da antiga doutrina, conduzissem a leitura do mistério da criação na interpretação de doutores da Igreja e no cotejamento da totalidade dos textos canônicos. Entre seus adversários, comungando na nova fé – *L'Avenir de la science* modelo Renan 1848 –, também convém introduzir uma ordem no caos aparente do universo, reunir os conhecimentos esparsos em uma coleção que se tornaria *L'Évangile* libertador. Explicação do mundo desde suas origens até o presente, e mesmo, por antecipação, das fases que viriam, a enciclopédia é um modelo interpretativo, a prova da superioridade do século XIX sobre as épocas que a precederam e um foco das lutas para arrancar os espíritos das trevas. Recuperado pelas grandes casas de edição do final do período, Larousse & Cie, Quillet, posteriormente Hachette & Cie, o empreendimento enciclopédico perderá boa parte de seus objetivos no século XX. No entanto, a aventura de Lucien Febvre (2001) no comando, com Anatole de Monzie, de *L'Encyclopédie française*, ocorreu nessa direção, em uma época – os anos 30 do século XX – em que a enciclopédia mussoliniana, de um lado, e a soviética, de outro, inquietavam o fundador da École des Annales.

Borges sonhava com uma biblioteca que conservasse todos os livros que fosse permitido escrever, realizando uma combinação das letras do alfabeto. Os enciclopedistas do século XIX provavelmente não concordariam com esta outra observação do escritor argentino: "Quando se anunciou que a biblioteca compreendia todos os livros, a primeira reação foi de uma felicidade extravagante" (BORGES, 1983, p. 76).

Eles tinham, de fato, experimentado essa sensação deliciosa que consiste em imaginar que se possui, enfim, todo o conhecimento do mundo. Suas coleções haviam sido a primeira maneira de ordená-lo, torná-lo disponível. Os dicionários tinham prolongado esse esforço, essa pressão sempre em prol de mais racionalidade, e as grandes enciclopédias haviam sido o coroamento dessa empresa secular. Inclassificável, por ser deliberadamente subjetiva, delirante em certos aspectos e demencial por ser fruto de um cérebro único que revisava a cópia de seus auxiliares, a enciclopédia de Pierre Larousse foi exatamente a coleção das coleções, o dicionário dos dicionários, essa enciclopédia do século XIX da qual a Igreja usurpara o título. Ministro de uma nova religião, tendo voluntariamente pronunciado os votos de não paternidade para não se deixar desviar de seu rumo, ele terá edificado a única verdadeira e grande catedral que ilustra o *Ceci tuera le Notre-Dame de Paris*.[4] Se Gutenberg esperou quatro séculos para triunfar sobre a arte gótica, a edição precisou da ajuda do vapor para atingir todos os públicos e levar até bem longe a boa nova. No cume da torre de Babel, que reinventava uma linguagem universal, a da ciência, os homens do século XIX viam a abóbada celeste, admiravam seu mecanismo sem ter de temer as fúrias descritas no *Apocalipse*. Reconciliados consigo mesmos, sem mais temer as divindades, podiam contemplar muito melhor o universo que haviam aprisionado no verdadeiro livro dos livros, a bíblia de um novo mundo industrial, a Enciclopédia.

---

[4] "Isto destruirá a Notre-Dame de Paris". (N.T.).

CAPÍTULO VII

A difusão do conhecimento no século XIX, um exercício delicado

Certo número de editores decididamente progressistas deixaram sua marca nesse século que pensou resolver a maioria das dificuldades colocadas para o homem das Luzes. Sem dúvida, o mais conhecido deles é Pierre Larousse, ele que semeava aos quatro ventos, segundo o emblema comercial escolhido com pertinência por seus sucessores (MOLLIER; ORY, 1995). Louis Hachette e Pierre-Jules Hetzel são duas outras grandes figuras de proa lembradas pela *Histoire de l'édition française* para ilustrar esse período (CHARTIER; MARTIIN; VIVIET, 1990-1991). O primeiro apoiou com toda convicção Émile Littré durante os 25 anos em que este redigiu o *Dictionnaire de la langue française*, e o segundo foi o artesão do livro recreativo e instrutivo para a juventude, lançando em março de 1864, o *Magasin d'éducation et de récréation*. Louis Hachette, com *Le Tour du Monde* em 1860 e a *Bibliothèque des merveilles* em 1864, anunciava os grandes sucessos da vulgarização científica contemporâneos da 3ª República, quer fossem fruto da Ernest Flammarion, com a cumplicidade de Camille, o astrônomo, quer fosse de Germer Baillière, retomado pela Alcan (antecessora das Presses Universitaires de France), cuja *Bibliothèque Scientifique Internationale* foi um êxito, ou ainda da Schleicher, que introduziu o darwinismo na França, até Carl Reinwald, que colocou à venda uma excelente *Bibliothèque des Sciences Contemporaines*. Após Ballière e Mason, pioneiros da literatura científica e médica antes de 1848, Doin, Maloine e Vigot retomaram a tradição após 1870 (MOLLIER, 1988a, cap. X). Jean-Albert Gauthier-Villars e

Pierre-Charles Dunod, crítico de Dalmont, serviram, por sua vez, de transição com a edição universitária e técnica.

Tal percurso pelo século é, no entanto, enganador, porque mescla, deliberadamente, duas épocas: os anos 1810-1870, durante os quais a edição viveu sob a tutela do enquadramento administrativo, da censura e da inquisição policial, e aquela que termina o século, liberando totalmente o sistema de qualquer constrangimento político e ideológico. Os Roret, primeiros divulgadores dos manuais práticos, e outros, como Pagnerre ou Lachâtre, ardentes republicanos, tiveram de enfrentar a raiva de todos os poderes, enquanto que os livreiros do final do século não tinham outro adversário a não ser o mercado e sua temível concorrência. As condições para o exercício da profissão de editor do progresso e do conhecimento tinham, portanto, mudado singularmente após a revolução de 4 de setembro, ainda que faltasse esperar pelo voto da grande lei liberal de 29 de julho de 1881 para que se pudesse desmantelar um edifício que começara a rachar a partir de 1867.[1] É preciso, pois, distinguir cuidadosamente esses dois períodos, se quisermos compreender como os precursores trabalhavam, os limites de suas ações e o extraordinário desenvolvimento da divulgação do conhecimento sob a 3ª República. Desse modo, foi no duplo domínio da edição escolar e da edição médica que agiram os progressistas da geração de 1820, enquanto que seus filhos, nascidos em torno de 1848 e tendo passado por grandes escolas, tinham toda liberdade para desenvolver suas iniciativas em múltiplas direções, do fascículo ilustrado, que ainda se chamava caderno periódico – por exemplo, *L'Astronomie populaire* –, à série completa de tratados destinados ao grande público, que puderam ser encontrados na Ernest Flammarion ou na Félix Alcan, até na Gauthier-Villars.

Em nosso percurso, notamos que dois tipos de profissionais se esboçam no horizonte: os livreiros escolares e universitários, que foram os revolucionários do século, espalhando por todo canto as descobertas dos estudiosos – os dois gêneros, o dicionário e a enciclopédia muito lhe devem –, e os militantes, que precisaram recorrer à astúcia

---

[1] Napoleão III (Imperador da França de 1852 a 1870) quisera suprimir a obrigação da licença, mas uma pesquisa entre os prefeitos, em 1869, esse o dissuadiu, uma vez que os editores e, sobretudo, os impressores estavam acostumados com este sistema que os protegia dos excessos do mercado.

para atingir seus objetivos. Com o primeiro grupo, percorremos as três etapas de implantação progressiva da instrução universal, de Guizot a Ferry, passando por Duruy. Com o segundo, penetramos verdadeiramente naquilo que Pierre Larousse (1866-1876, Prefácio) denominou "o século dos dicionários", ou seja, essa atmosfera cara ao farmacêutico Homais, a Bouvard e Pécuchet, a todos esses tipos sociais que indignavam Flaubert mas para quem tantos escritores escreveram, e cujos espessos volumes repousam sobre as prateleiras das bibliotecas do passado (BOUFFARTIGUE; MÉLONIO, 1997, cap. V). Os dois grupos prepararam o fenômeno das coleções especializadas que se desenvolveu, sobretudo, no final do período, e que corresponde à fase de domínio intelectual da Escola Positivista ou metódica, rejeitada pelas gerações nascidas após a Grande Guerra. Ernest Renan havia descrito Jesus como um homem admirável, preparando terreno para a morte de Deus, proclamada por Nietzsche. Marcelin Berthelot, seu amigo, tentou abarcar o resumo do conhecimento e do progresso em sua *Grande Encyclopédie*, que se pretendia o complemento daquela de Diderot e um apogeu indispensável do saber humano (MOLLIER, 1997a, p. 295-310).

O desenvolvimento da edição escolar e universitária, a verdadeira revolução silenciosa do século XIX.

Os livreiros republicanos que, durante a Restauração, se dedicaram à publicação das grandes obras do século XVIII, poderiam, em muitos aspectos, ser considerados progressistas, pois Voltaire e Rousseau tinham sido abolidos das publicações por terem preparado a revolução dos espíritos. No entanto, a circulação dessas reedições se chocava com uma verdadeira dificuldade material, a insuficiência de alfabetização do país. Os constituintes e a Convenção haviam prometido implantar uma rede de escolas dignas desse nome, formar professores primários e fornecer livros adaptados a esse tipo de ensino, mas a reforma não veio, uma vez que o Império se desinteressou da idéia. Foi a Restauração que teve de retomar esse espinhoso dossiê, estimulada pela Societé pour l'Instruction Élémentaire e algumas iniciativas particulares. Vatimesnil foi o primeiro ministro de instrução pública a inscrever essa proposta em seu programa, dando razão ao grupo de jovens intelectuais reunidos sob o estandarte do *Globe* ou do *Lycée*, duas revistas que defendiam ardentemente esse projeto (MOLLIER, 1999c, cap. VI). Retardada pela volta dos conservadores ao poder em 1829, a revolução da instrução universal seria tarefa da Monarquia de Julho e de seu teórico, François Guizot, precursor da lei de 28 de junho de 1833. Várias precauções envolveram a aplicação dessas medidas, a fim de não contrariar o clero, mas o primeiro passo fora dado para a alfabetização progressiva do país.

A leitura dos manuais escolares dessa época pode provocar, retrospectivamente, a ilusão de grande conformismo ou de ausência de abertura para o mundo moderno. No entanto, em oposição ao deserto livresco constatado pelos inspetores de Guizot em seu giro pelas escolas da França (LORAIN, 1837; GUIZOT, s.d.), o *Alphabet et Premier livre de lecture*, o *Petite Histoire de France* de Mme de Saint-Ouen, o *Petite Arithmétique raisonnée* de Vernier, o *Robinson dans son île*, de Amboise Rendu e os *Premières Leçons de Géographie, de Chronologie et d'Histoire* de Letronne (MOLLIER, 1999c, cap. VII) foram os verdadeiros artífices da alfabetização em massa dos franceses, e não saberíamos julgá-los segundo nossos próprios critérios ou mesmo à luz da geração seguinte, a do professor Pierre Larousse – que abandonaria o ensino primário para redigir manuais dignos desse nome. Um movimento se iniciara entre 1828 e 1833, fincando as bases de um saber básico sem o qual toda tentativa de difundir o conhecimento teria sido vã. Louis Hachette era movido por um autêntico projeto pedagógico. *Sic quoque docebo*, dizia a sua divisa, espécie de desafio balzaquiano às autoridades acadêmicas que o haviam excluído do ensino, e ele lançara mão dela criando o primeiro mercado do livro elementar, coisa desconhecida no Antigo Regime, na Revolução, no Império e mesmo na Restauração. Seus primeiros autores compartilhavam sua fé no progresso, possuíam o mesmo entusiasmo e, se considerações comerciais se mesclavam ao seu desejo de instruir as crianças, era simplesmente sinal de uma época em que era possível enriquecer sem se envergonhar dos meios utilizados para esse fim. Louis Hachette foi também pioneiro do ensino pré-elementar, no tocante ao comércio livreiro, e apoiou os esforços de Émilie Mallet e de Jean Denys Cochin para equipar a França, à imagem da Inglaterra, em salas de amparo destinadas às crianças (LUC, 1997).

Progressistas, por estarem persuadidos dos benefícios, a longo termo, da instrução universal – esse seria, ainda, o credo de Victor Hugo no *L'Année terrible*, em 1871 –, esses homens tiveram de lutar contra inúmeros preconceitos, contra a inércia dos poderes locais, e Guizot precisou impor, por decreto, a inclusão das despesas no orçamento de mais de 20 mil comunas para atingir seus objetivos, o que diz bastante sobre as resistências à sua legislação. Enquanto a Inglaterra e a Prússia haviam tornado a instrução obrigatória, a França evitava afrontar a autoridade dos pais de família e se contentava em conceder aos indigentes a generosidade dos poderes públicos. Isso já era muito para a época, e se os resultados foram severamente julgados após 1840, data em que os entusiasmos se arrefeceram e os hábitos prevaleceram, ao menos o movimento fora lançado. Por sua vez, o Segundo Império devia retomar a seu encargo a melhoria da rede escolar, mas esta foi, essencialmente, a função de Gustave Rouland em relação às bibliotecas populares, em 1861-1862, e de Victor Duruy em relação às escolas, em 1863-1867. Nesse meio tempo a revolução de 1848 fizera surgir uma nova variedade de editores, os professores primários que redigiam obras, dos quais Pierre Larousse foi o mais autêntico representante (MOLLIER, 1988a, cap. IX). Seus primeiros livros, destinados ao ensino primário, foram publicados em 1849-1850, e a partir de 1856 ele concebia seu *Nouveau Dictionnaire de la langue française*, antecessor do *Petit Larousse illustré*, de 1905.

Republicano por convicção, livre pensador, amigo de Proudhon e dos partidários da Comuna no final de sua vida, Larrouse não se satisfez apenas com alguns ensaios, mas ofereceu a seus jovens concidadãos dezenas de *Flore latine* ou *grecque*, livros de exercícios ou de trabalhos que demandavam a inteligência e a curiosidade de seu público. Suas duas revistas pedagógicas, *L'Ecole normale* e *L'Émulation*, são testemunhas disso, ainda que seu moralismo um tanto estreito fizesse delas leituras recomendadas tanto pelos mestres de ensino privado como por seus colegas laicos. Considerando as leis existentes e a obrigação de se possuir uma licença para a prática do comércio livreiro, esse respeito, ao menos aparente, pelas regras não era surpreendente. Larousse e Boyer, ambos saídos do corpo de professores primários da Monarquia de Julho, formados pela escola normal e, nesse sentido, um pouco crias de Guizot, fundaram uma sólida casa de edições escolares e universitárias, desde então rival da sociedade L. Hachette & Cie. A partir de 1865, ambas tiveram de levar em conta um outro livreiro dinâmico, Charles Delagrave, que apostou em duas novidades: o desenvolvimento da geografia como disciplina fundamental e a melhoria do mobiliário escolar, outras preocupações, higiênicas e ergonômicas, acompanharam o desenvolvimento do ensino. As reformas de Victor Duruy (GESLOT, 1997) apoiaram essas modernizações do equipamento escolar, ao mesmo tempo em que anunciaram as últimas reformas do século.

Desde o início da 3ª República, os grandes editores escolares da terceira geração estavam aptos a participar da última etapa da alfabetização sem possibilidade de volta da população (FURET; OZOUF, 1977). Armand Colin, instalado em 1870, e Fernand Nathan, em 1881, foram formados na escola de Delagrave, antes de voar com suas próprias asas e fundar duas das mais sólidas empresas do final do século XIX e do século seguinte. Ambos apresentavam a maioria dos traços da geração que apoiaria as iniciativas de Jules Ferry: o amor pela pátria, as convicções republicanas, certa tendência para o racionalismo e para o positivismo, gosto pela divulgação do conhecimento, e fé nas virtudes do sistema escolar por este permitiria que os melhores triunfassem. Armand Colin foi um dos fundadores da Alliance Française com seu amigo, funcionário de alto escalão e geógrafo, Pierre Foncin, um dos autênticos educadores nacionais da França, já que entre 1874 e 1889 vendera 11 milhões de exemplares de seu *Premiére Année de Géographie*, o que deixa bem atrás o *Histoire de France* de Ernest Lavisse, que não ultrapassou a cifra de 5 milhões de volumes comercializados no mesmo período.[2] Fernand Nathan era igualmente portador de um projeto de educação infantil (WEILAND, 1991), e podemos incluir nesse grupo grandes profissionais dinâmicos, como Alexandre Hatier (QUÉRÉ, 1997), que entrou na competição em 1881, e Vuibert, cinco anos antes. Com os herdeiros Belin, cuja empresa remontava ao Antigo Regime, a L. Hachette & Cie e a Larousse, eles constituem o verdadeiro esqueleto da edição escolar francesa

---

[2] MOLLIER, 1993, cap. II; NORA, 1984. Sobre Armand Colin, ver DUROSELLE, 1991.

dos anos 1880-1914, compartilhando, sem dúvida, mais de 90% do mercado da época para o primeiro grau.

Às vésperas da Exposição Universal de 1900, a quase totalidade dos franceses abaixo dos 30 anos estava alfabetizada, tendo cumprido escolaridade de seis a 12 ou 13 anos, e apenas as gerações de mais de 60 ou 70 anos ainda permaneciam à margem desse processo. Os livreiros-editores que haviam acreditado nos poderes da reforma, e a ela tinham atrelado todas as suas forças, constituíram sólidas fortunas e legaram a seus herdeiros sociedades vigorosas que empregavam dezenas ou centenas de funcionários. Eles mostravam, com seu êxito exemplar, que um editor empresário do século XIX podia se assemelhar a não importa qual capitão de indústria ou negociante de primeiro plano, permanecendo, ao mesmo tempo, movido, durante toda sua vida, por um autêntico projeto de melhoria da sorte de seus semelhantes. A consulta aos catálogos dessas casas é, às vezes, decepcionante para o leitor do século XX, que adoraria perceber a implementação de métodos reflexivos, apoiados antes na atividade crítica do que na memorização e na repetição mecânica, mas isso seria revestir o passado com problemáticas dos tempos atuais, e intentar aos homens da época um processo amplamente anacrônico. O progressismo desses educadores do povo só pode ser julgado em função dos critérios da época, e não resta dúvida de que todos, Louis Hachette, Pierre Larousse, Charles Delagrave, Armand Colin, Alexandre Hatier e Fernand Nathan, trabalharam com esse objetivo e assim foram considerados por seus contemporâneos.

O século dos dicionários

O manual escolar foi a base sobre a qual se ergueu o movimento de divulgação do conhecimento, mas os dicionários e as enciclopédias prolongaram profundamente essa penetração do saber, apresentando resumos e condensados da maioria das descobertas. O desenrolar dessa aventura é, hoje em dia, bem conhecido graças ao colóquio consagrado principalmente à *L'Entreprise encyclopédique* (BOUFFARTIGUE; MÉLONIO, 1997), às exposições do Museu d'Orsay (SAVY; VIGNE, 1987) e a diversos trabalhos acadêmicos. Consideraremos aqui dois tipos de editores decididamente engajados nesse movimento, os profissionais estudados anteriormente, cuja rubrica "dicionários" tende a aumentar na divisão de seus acervos (MOLLIER, 1999c), e os militantes mais especializados nesse domínio, por revelarem outros traços de caráter e se afirmarem mais diretamente interessados na propagação do saber, considerada como a forma privilegiada da mudança política, social ou moral – sendo que a libertação intelectual era almejada entre os mais republicanos desses militantes. Louis Hachette e Pierre Larousse se inserem na primeira categoria. O primeiro concedeu a Émile Littré generosas condições pecuniárias para que realizasse sua grande obra, o *Dictionnaire de la langue française*, financiado durante 23 anos, até que fosse entregue ao público seu primeiro fascículo (MOLLIER, 1999c, p. 430-444), o que reforça a convicção de que a realização do projeto tinha mais importância do que sua rentabilidade. O segundo desistiu de sua sociedade com Augustin Boyer e sacrificou a maior parte de sua fortuna a seu *Grand Dictionnaire universel du XIXe siècle*, no qual ninguém acreditava, uma vez que sua tenaz resolução era a de dar à sua época o equivalente à *L'Encyclopédie*, de Diderot e D'Alembert, obsoleta depois de 1789 (MOLLIER; ORY, 1995, p. 9-27; MOLLIER, 1988a, cap. IX).

Reduzir a contribuição de Louis Hachette à publicação da obra de Littré seria, no entanto, injusto, pois o patrono da grande sociedade do Quartier des Écoles não sossegou enquanto não reuniu em suas coleções os dicionários das línguas mais prestigiosas, grego e latim no início, mas também árabe após 1848, o que era mais original e fazia parte de uma abertura real à diversidade de culturas e civilizações. Ele concedeu a Nicolas Bouillet, às vezes à custa de conflitos que acabavam chegando aos tribunais, os meios de publicar seu *Dictionnaire d'histoire et de géographie*, seu *Dictionnaire universel des sciences, des lettres et des arts*, assim como a Lodovic Lalanne o de terminar seu *Dictionnaire historique de la France*, o que não era desprovido de riscos (MOLLIER, 1999c, p. 432). Adolphe Joanne pôde esquecer por algum tempo seus guias de viagem para se dedicar à elaboração do *Dictionnaire géographique de la France*, e, ao final de sua vida, o todo-poderoso imperador do comércio livreiro ainda ofereceu hospitalidade aos estudiosos Vivien de Saint-Martin e Charles Daremberg para que ambos pudessem trabalhar em suas obras: o primeiro, em seu *Dictionnaire de Géographie*, que muito fez pela sua reputação, e o segundo, em seu *Dictionnaire des antiquités rientales, grecques, latines et chrétiennes*, do qual não esperava ganhos imediatos, o mesmo se dando com o *Dictionnaire des antiquités chrétiennes* do Abade Martigny (MOLLIER, 1999c).

A epopéia de Pierre Larousse é ainda mais alucinante, mas reveladora das esperanças do século, pois, após haver consagrado os anos de 1841 a 1848 a freqüentar pacientemente os cursos dos melhores professores da universidade e a reunir, tal como um beneditino, a quintessência do saber nas grandes bibliotecas da capital, transferiu seu projeto enciclopédico para uma época em que dispusesse de meios financeiros para realizá-lo, e se tornou autor de manuais e de pequenos dicionários que lhe permitissem acumular seu capital inicial (MOLLIER; ORY, 1995). Renunciando, a partir de 1863, à maior parte das riquezas e alegrias deste mundo, recusou-se, inclusive, à paternidade, para não gerar nada além dessa "carne de sua carne" e desse "osso dos seus ossos" que foi o *Grand Dictionnaire*, na verdade *L'Encyclopédie du XIXe siècle*, se este título já não tivesse sido usurpado por um colega. Temos, portanto, obrigação para com ele, no caso o mais extraordinário homem do progresso, refreando até seu desejo de procriar para não deixar escapar a mínima gota de sua substância criativa, desviando-a de seu principal objetivo: transmitir o saber, o novo conhecimento a todas as gerações presentes e vindouras. Esse sonho prometéico, esse orgulho desmesurado, essa *hubris* grega comparável à de Édipo, pode ser lido claramente nesta passagem de seu prefácio, onde ele justifica sua rejeição a toda descendência humana:

> O germe de 89 é imperecível, pois ele já teria sido extirpado, caso pudesse sê-lo; mas, assim como esses motores engenhosos, onde uma extremidade se levanta, quando pressionamos a outra, ele às vezes parece se reprimir apenas para, passados alguns dias, recobrar muitos anos perdidos, sob influência de uma vegetação misteriosa, vigorosa e irresistível. O sol tem seus eclipses, a liberdade também pode ter os seus, até o dia em que, desimpedida irrevogavelmente de todo entrave, a grande exilada se vingará apenas *derramando torrentes de luz sobre obscuros blasfemadores*.[3]

---

[3] MOLLIER; ORY, 1995, p. 64-65. Citação extraída do prefácio ao *Grand Dictionnaire universel du XIXe siècle*, datado de 20 de dezembro de 1865 (itálico no original).

Cristo dos tempos modernos, encarregado de revelar ao mundo a mensagem da Grande Revolução, ele tinha renunciado, conscientemente, a imitar seus contemporâneos, legando tudo a seu único filho, essa *Enciclopédia da Revolução Francesa*, da qual ele proclamou alto e forte, impelindo-a para a luz: "Eis o osso dos meus ossos e a carne da minha carne...", o que corresponde à confissão mais explícita da parte de um homem que se pretendia igual aos deuses do Parnaso. Pacifista e agnóstico, mas espiritualizado à sua maneira, fascinado pelo progresso da ciência, detestando as ditaduras e o cesarismo, democrata e republicano, ele saboreara com deleite o sumo das doutrinas novas, e ao final de seu prefácio rendeu homenagem a Pierre-Joseph Proudhon, que o havia honrado com sua amizade. Para propagar e divulgar a Verdade há muito exilada, utilizou a forma do dicionário mas também a do fracionamento da obra em fascículos periódicos e mesmo a venda a prestação, o que significa que pretendia utilizar os métodos publicitários mais modernos para atingir seus objetivos. Conseqüentemente, mais ainda que Émile Littré, Bouillet ou Daremberg, Larrouse projetara na fórmula dos enciclopedistas a ambição de toda sua vida.

Mais próximos desse temperamento, mais engajados e militantes, aparecem os redatores ou promotores de dicionários que combateram os poderes constituídos e, às vezes, pagaram por isso com o exílio. A *L'Encyclopédie nouvelle ou dictionnaire philosophique, scientifique, littéraire et industriel* de Pierre Leroux e Jean Reynaud, publicada em 1841, é a primeira do gênero e se liga à doutrina saint-simoniana que o jornal *Le Globe* havia popularizado após 1830 (MÉLONIO, 1994). É preciso que ela seja associada ao *Dictionnaire français illustré, panthéon littéraire, scientifique, biographique, dictionnaire d'histoire, de botanique, de géographie, encyclopédie des arts et des métiers* de Maurice Lachâtre, datado de 1856, porque este autêntico republicano utilizava a arma secreta da vulgarização para manter intactos os ideais de 1789 e de 1793, proibidos pelo regime de Napoleão III. Sucessor ou herdeiro espiritual de Laurent Antoine Pagnerre, morto dois anos antes, ele acreditava na fórmula do dicionário para transmitir a chama de suas convicções. Próximo a Pierre Larousse nesse aspecto, mas também a Auguste Comte que, com seu *Catéchisme positiviste* de 1852 (PETIT, 1994), havia vulgarizado seu próprio sistema enciclopédico, ele agregava a esse compromisso filosófico a dimensão político-republicana que faltara ao precedente. Nesse sentido, Lachâtre preparava o terreno para um discípulo eminente do pai da sociologia, Émile Littré, decididamente engajado nos combates do século, e cuja eleição à Academia Francesa provocou a cólera dos meios clericais em geral e do Monsenhor Dupanloup em particular. Sua revisão do *Dictionnaire de médecine* de Nysten, em 1856, soou como um sinal de mobilização do partido da ciência – para não dizer cientificista – contra o espiritualismo de Cousin, e a publicação de *Paroles de philosophie positive*, dois anos mais tarde, provou, aos que duvidavam, que Comte não estava morto. Livre-pensador, franco-maçom e anticlerical, Littré devia, a partir de sua entrada na Academia em 1873, encarnar os ideais de uma República triunfante, embora moderada. Sob este ponto de vista, ele aparece claramente como precursor de Marcelin Berthelot e de sua *Grande Encyclopédie* (MOLLIER, 1997a), e mesmo, de certa maneira, do projeto de Anatole de Monzie confiado a Lucien Febvre, a *Encyclopédie française* dos anos 1930 (MOLLIER, 2001a).

Os editores científicos

Sendo os mais conhecidos atualmente, graças aos recentes trabalhos realizados sob a égide do Musée des Sciences et des Techniques de La Villette,[4] os editores da 3ª República se beneficiaram de um contexto excepcional para divulgar suas grandes coleções especializadas. A mudança no clima político e ideológico, o abandono do regime de licença, em 1870, a realização da reforma escolar em 1881-1882, o desenvolvimento sem precedentes da imprensa francesa, e, ao mesmo tempo, dos periódicos, visando a um público leitor específico, o gosto pela vulgarização científica por parte de um público cada vez mais amplo, tudo concorreu para estimular a imaginação desses editores e torná-los

---

[4] Citemos BENSAUDE-VINCENT; RASMUSSEN, 1997 e BÉGUET, 1990; mas outros trabalhos, entre eles os de Valérie Tesnière, voltados para Fernand Aubier e às edições Montaigne, anunciavam, desde 1984, uma atenção especial a esses fenômenos.

audaciosos e inovadores. Nesse aspecto, a palma vai não tanto para Pierre-Jules Hetzel, que confiou em Júlio Verne, mas a Ernest Flammarion, que lançou, em 1879, o *Astronomie populaire* de seu irmão Camille, em fascículos a 10 centavos (PARINET, 1992, p. 62-65), com o apoio ativo de uma campanha publicitária adequada ao acontecimento. Com 30 mil exemplares realmente vendidos no primeiro ano, ou seja, perto do dobro do obtido com *L'Assommoir* de Zola pouco tempo antes, o editor demonstrava sua capacidade em se antecipar ao desejo dos leitores ou em sentir, antes da concorrência, as necessidades latentes. Se lhe acrescentarmos o sucesso alcançado por *Les Étoiles et les curiosités du ciel*, espécie de suplemento e Atlas do volume precedente, ele mesmo comercializado em 20 mil exemplares fracionados em 75 fascículos (PARINET, 1992, p. 62-65), vemos delinear-se, claramente, os contornos de uma conjuntura editorial favorável aos partidários da divulgação do conhecimento e aos zeladores do progresso científico.

Não nos voltaremos aqui ao trabalho dos editores escolares, Charles Delagrave, Armand Colin, Fernand Nathan e seus concorrentes dos anos 1870-1900, mas ele é fundamental para uma percepção adequada desses fenômenos da difusão do saber. O sucesso de Félix Alcan, que assumiu o acervo Germer Baillière (MOLLIERE, 1988a, cap. X) deve muito às reformas da universidade do fim do século XIX (FABIANI, 1988; TESNIÈRE, 2001), mas a débil progressão dos efetivos do secundário – 105 mil alunos em 1880, 240 mil em 1914 – não teria permitido a decolagem da edição científica, se os imensos batalhões do primário não tivessem preparado os espíritos para receber novas idéias. Sabe-se que na escola a figura do estudioso se rivalizava com a do escritor, ou com as figuras do homem do mar e do explorador após 1880, e, dessa forma, Pasteur se tornou tão célebre quanto Molière ou Savorgnan de Brazza, ou ainda mais célebre. *Le Tour du Monde*, de Louis Hachette, a *Bibliothèque des Merveilles*, dirigida por Louis Figuier, haviam iniciado essa corrente de interesses que, ao mesmo tempo, era explorada por Pierre-Jules Hetzel. No entanto, foram as edições Masson que, na área da medicina, levaram mais longe os esforços investidos em assuntos de higiene pública. Rivais da casa Jean-Baptiste Baillière et Fils, não conseguiram eliminá-la, mas, ao contrário, provocaram o surgimento e o desenvolvimento dos livreiros Doin (1871), Maloine (1881) e Vigot (1890), sinal seguro de que a confiança do público em seus médicos crescia à medida que essa disciplina se profissionalizava e afirmava seu caráter científico.

No âmbito da vulgarização técnica, o livreiro Roret foi suplantado, após 1870, pela casa Dunod, que, no século XX, se afirmou como a especialista no ensino técnico e profissional. No entanto, foi inicialmente se apoiando em uma demanda mais restrita, a do público de engenheiros, que o fundador Pierre Charles Dunod (TESNIÈRE, 1993) encontrou seu lugar entre os grandes editores da época. Assim como o outro grupo social em pleno crescimento numérico, o dos médicos – grupo que apoiava, com suas repetidas aquisições, o desenvolvimento dos livreiros especializados nessa área –, o grupo dos engenheiros estava na base da prosperidade das casas editoras que trabalhavam para ele. Com a repetição do fenômeno no setor da arquitetura, onde a casa Morel, rua Bonaparte, dominava seus concorrentes (BOUVIER, 1999), distingue-se claramente a outra razão, ao lado da realização da escolarização em massa, da decolagem da produção científica. Trata-se aqui de uma procura mais tênue, mas vinda de grupos sociais de renda elevada e grandes consumidores de impressos, de revistas profissionais – por exemplo, a *Revue d'architecture*, os *Annales de chimie*, *La Presse médicale* – e livros mesclados. Pretendendo-se racionalistas e a serviço do progresso, os engenheiros, médicos e arquitetos estimulam o gosto do público mais vasto pela simples vulgarização. A longevidade de títulos como *La Nature*, de Gaston Tissandier, ou *La Science et la Vie*, pode ser explicada por essa dupla atração de meios muito estudados e de camadas sociais menos educadas mas bem preparadas pela escola primária para apreciar a leitura de revistas científicas.

Se quisermos apreciar corretamente as razões da espetacular progressão das coleções de livros com conteúdo cultural elevado, é preciso, portanto, levar em conta esses dois aspectos complementares de um fenômeno de grande envergadura. A ascensão do politécnico Jean-Albert Gauthier-Villars é digna de nota, pois seus catálogos contavam com três mil títulos em 1900 (TESNIÈRE, 1993, p. 73), o mesmo que os de Félix Alcan ou Georges Masson, que editou mais de 50 revistas e os 100 volumes do *Dictionnaire encyclopédique des sciences médicales*, entre 1864 e 1889, mas as tiragens desses livreiros não ultrapassaram dois mil ou três mil exemplares, e suas produções eram dirigidas principalmente ao público abastado. Já os esforços feitos pelas casas L. Hachette & Cie, Marpon et Flammarion, testemunharam, ao contrário, o aparecimento de uma procura abrangente por parte de um público muito mais diversificado. Ainda que, em certos meios – inicialmente na *Revue des Deux-Mondes*, e depois na *L'Action Française* –, na passagem para o século XX, se começasse a denunciar "a falência da ciência",[5] impondo uma freada no otimismo subjacente à divulgação do conhecimento, os editores que trabalhavam para o grande público continuariam a louvar os méritos do progresso até a Primeira Guerra Mundial. A leitura da revista *La Nature* demonstra a quem duvidar, que mesmo as novas armas, produto da tecnologia mais sofisticada, provocavam a paixão dos leitores que ali viam o testemunho da capacidade do gênio humano em seguir inventando novos objetos, passíveis de melhorar o desempenho dos que estavam previamente em uso. Transformadas em miniaturas e em brinquedos para crianças (ROUSSELIN, 1999), elas eram, antes de 1914, muito apreciadas como presente nas festas de final de ano, prova da pouca importância, para a opinião pública, dos debates ocorridos em círculos restritos.

Levando-se em conta as particularidades da França no século XIX, o enquadramento administrativo que colocava o comércio livreiro sob estrita vigilância antes de 1870, na verdade até 1877, ou 1881, é delicado tentar avaliar os verdadeiros sentimentos dos editores da época no que diz respeito ao progressismo, ou ao conservadorismo. Favoráveis, em sua maioria, à reforma da instrução universal, a grande revolução do século, eles lançaram as bases para um desenvolvimento sem precedentes do material impresso. Félix Vallotton caracterizou sua época, é bem verdade que em um outro contexto,

---

[5] F. Brunetière usa essa expressão em novembro de 1895. Ver LOUÉ, 1998 e COMPAGNON, 1997.

por meio de um desenho intitulado *L'Âge du papier*.⁶ Se ele tinha em mira explicitamente a imprensa cotidiana, cujos títulos são perfeitamente legíveis em seu quadro, também destacava o consumo de massa da *Belle Époque*. Juntamente com o gosto pelo dicionário e pela enciclopédia que fez o sucesso da casa Larousse após 1860, de Aristide Quillet após 1900 e de vários outros, o livro escolar preparou os profissionais da divulgação para aceitar os riscos do mercado de massa e abandonar os círculos mais reduzidos do livro de arte ou do volume destinado às elites. Evidentemente, esses livros não desapareceram, mas se tornaram objeto de editores que se recusavam a se engajar no movimento de produção de livros em grande escala. Ernest Flammarion, antigo mascate de tecidos, não se incomodou nem um pouco com a aspiração do público mais amplo em ler novos livros. Deixando para os especialistas em disciplinas científicas o cuidado de propor à sua estreita clientela as obras que fossem indispensáveis ou úteis, ele se inscrevia na corrente de admiradores do progresso que apreciavam a sede pela leitura percorrendo todas as camadas da população.

Nesse aspecto, a verdadeira distinção que podemos realizar no que diz respeito às idéias políticas e à ideologia desses editores não coincide com a fenda tradicional entre direita e esquerda, católicos e laicos. Flammarion publicou Ernest Drumont e Alphonse Daudet, e ele não passava por um ardente republicano. Louis Hachette era orleanista, como a maior parte de seus colegas antes de 1870, e, no entanto, encorajou a leitura para todos e militou, até sua morte, pela multiplicação das bibliotecas populares (Mollier, 1999c). Com exceção de alguns republicanos convictos e dos mais raros socialistas, a maioria dos que contribuíram para a divulgação do conhecimento entre a população era de conservadores no plano social. Animados, em contrapartida, por uma fé no progresso que traria a instrução – ao menos até 1871 –, colocaram seus empreendimentos a serviço desta ambição e fizeram de tudo para vender seus livros a um público de massa. É ao fazer essa opção – mais do que em suas preferências individuais ou em suas opiniões pessoais em matéria política –, que eles se revelaram favoráveis ao progresso e, provavelmente, os melhores artesãos da divulgação do conhecimento em larga escala.

---

⁶ Publicado em 23 de janeiro de 1898, é um eco evidente ao J'accuse de Zola, datado de 13 de janeiro precedente.

QUARTA PARTE

CULTURA MIDIÁTICA
OU CULTURA DE MASSA?

CAPÍTULO VIII

Literatura e imprensa de rua na *Belle Époque*

Se a inscrição, a penetração ou a infiltração da literatura na imprensa são quase tão velhas quanto o próprio jornal, a Belle Époque e os acontecimentos referentes ao caso Dreyfus modificaram profundamente a situação e as relações mantidas pelas duas instituições. O voto da lei de 29 de julho de 1881, o aparecimento dos monotipos e das linotipos nas gráficas, a multiplicação, nas cidades, dos vendedores anunciando jornais pelas ruas e dos mascates, a conclusão da escolarização universal e o crescimento das despesas com entretenimento nos orçamentos familiares, todos esses elementos concorreram para aumentar consideravelmente o leitorado dos jornais. Gradualmente, eles foram levando os autores de ficção a conceder uma maior atenção ao periódico, antes desprezado em relação à sua grande rival, a revista, e, mais ainda, à sua antítese, o impresso destinado a durar eternamente, o livro propriamente dito. Este, por sua vez, comporta sua própria hierarquia, e o volume produzido no formato in-oitavo, vendido a 7,50 F na edição original, impera sobre os múltiplos in-18 a 3,50 F ou a 1 F nas coleções de preço baixo.[1] Adversário do sistema do gabinete de leitura, que, em torno de 1830, ameaçava a existência dos escritores, Balzac bradava sua intenção de surgir sob esta pompa, ao escrever a Latouche um ano antes: "Eu assino o in-12, mas eu gostaria de estar in-oitavo".[2] Ainda

---

[1] Para uma análise destes fenômenos, ver MOLLIER, 1999c.
[2] *"Je souscris à l'in-12, mais je voudrais être in-8°"* (BALZAC, 1960-1969, p. 366, carta de 9 de janeiro de 1829).

que um homem de letras tão reputado quanto Pierre Loti compartilhasse este ponto de vista estetizante e elitista ao lançar *Pêcheur d'Islande*, ele não poderia permanecer completamente alheio às mudanças de sua época e teria todas as razões para se felicitar pela reprodução de sua obra, em 1906, na *Nouvelle Collection Illustrée* de Calmann Lévy a 0,95 F. Embora as tiragens do romance, somadas, não tivessem ultrapassado 58 mil exemplares antes de 1906, elas atingiram, como vimos, um total de 500 mil exemplares na nova versão de 1919 (MOLLIER, 1984, p. 477-478), o que traduz a entrada dos franceses no consumo de massa dos produtos da imaginação humana.

A partir dos anos 1887-1898, autores cada vez em maior número foram aceitando, na verdade antecipando, as transformações do fato literário. A passagem para o jornalismo de Octave Mirbeau, Maurice Barrès ou de Édouard Drumont e Paul Déroulède se insere nessa reorientação dos homens de letras, que vai na contra-corrente, ao menos aparentemente, da própria evolução da imprensa. Enquanto que, por muito tempo, jornalistas e homens de letras estiveram confundidos (MARTIN, 1992; DELPORTE, 1999), a partir do estabelecimento de uma imprensa popular a 1 *sou*, as duas profissões tenderam a se diferenciar, e os escritores dignos desse nome tratavam com condescendência seus homólogos que se tornavam prolixos para enriquecer: os autores dos romances-folhetins, tão criticados na Paris do final de século. Sem contradizer essa tendência secular, o longo comércio dos romancistas citados com o jornalismo mostra que foram inúmeros os que recusaram a atitude das vanguardas, inimigas do vulgar e do grande público. Certamente a qualidade de homem de letras atribuída a Édouard Drumont surpreende atualmente, mas ela não representava nenhum problema para seus contemporâneos, nem mesmo aos que combatiam seu antisemitismo virulento. Alain Pagès lembrou, recentemente, que no enterro de Alphonse Daudet, em 20 de dezembro de 1897, o manto funerário era sustentado por Émile Zola, Léon Hennique, Jules Lemaitre, Édouard Drumont, Paul Hervieu e Jules Ebner (PAGÈS, 1991, p. 104), o que é suficiente para restabelecer a ordem dos valores literários da época, e para evitar todo anacronismo retrospectivo engendrado pela fixação do cânone ou pela legitimidade simbólica do século XX.

Uma vez que os grandes escritores da *Belle Époque* não sentiam acentuada aversão pelo impresso periódico, a tarefa do historiador dos fenômenos culturais não é apenas a de reler as crônicas daqueles que deixaram um nome na história literária, mas a de se interessar por aquilo que uma das testemunhas de época, o bibliófilo John Grand-Carteret chamava *"la littérature du ruisseau"* (literalmente, literatura da valeta, da sarjeta) (GRAND-CARTERET, 1908, p. 292). Consciente de que uma das características da época era o frenesi autêntico das massas pelo papel, ele sabia que seu consumo havia dobrado no apogeu do caso Dreyfus, em janeiro-fevereiro de 1898. Com 200 toneladas diárias de papel destinadas a terminar no cesto do trapeiro, o exército de mascates e de vendedores avulsos de jornal percorriam os bulevares para vender tanto jornais a 1 *sou*, quanto comunicados mortuários humorísticos, canções de ruas, panfletos ou objetos curiosos de todos os gêneros (MOLLIER, 1998d). Assim surgia uma autêntica "literatura de rua" (MOLLIER, 1997c), ela mesma um produto destinado a alimentar o comércio livreiro do mesmo nome, para imenso prazer dos passantes irritados com a agitação política pela qual passava a França no início da 3ª República. Um exemplo será provisoriamente suficiente para ilustrar essa sanha pela leitura: a publicação simultânea da *Lettre à la France*, por Émile Zola, com tiragem de 47 mil exemplares em 7 de janeiro de 1898, e *Réponse de tous les Français à Zola*, de Léon Hayard, que obteve duas edições de 200 mil exemplares, registrados em 15 de janeiro e 12 de fevereiro de 1898, ou seja, 400 mil exemplares distribuídos em menos de dois meses (MOLLIER, 1997c, p. 237). Nessas condições, não resta nenhuma dúvida de que uma das maiores razões que motivaram o escritor a confiar sua *Lettre au président de la République* ao *L'Aurore*, em 13 de janeiro, foi exatamente a tomada de consciência daquilo que Félix Vallotton chamou *L'Âge du papier* no *Le Cri de Paris* de 23 de janeiro seguinte, onde foi publicado seu admirável desenho (MOLLIER, 1998d, p. 75).

A descida da literatura para a grande imprensa durante o caso Dreyfus

Basta ler as crônicas de Octave Mirbeau, muito injustamente esquecidas atualmente, para compreender a importância que o impresso periódico possuía aos olhos do homem de letras. Publicadas em sua maioria no *L'Aurore*, nos anos 1898-1899, as 60 crônicas reunidas por Pierre Michel em um volume mostram como o escritor era sensível à literatura sobre o acontecimento (MIRBEAU, 1991). Usando os mesmos procedimentos utilizados em seus contos, ou nos seus romances mais cruéis, ele manejava um humor corrosivo destinado a abater seus adversários, reduzidos ao papel de fantoches imbecis ou de marionetes manipuladas pelas forças que ameaçavam a organização da sociedade e suas liberdades mais fundamentais. Millevoye, Déroulède, Drumont seriam seus alvos preferidos, mas o experiente Belhomme e vários outros atores secundários do drama foram objeto de seus sarcasmos. De várias maneiras muito próximas a *L'Abbé Jules* ou *Jardin des supplices*[3] — pela deformação, o exagero —, essas páginas de ataque privilegiavam igualmente a forma de diálogos curtos para tornar a narrativa mais viva e enfatizar o raciocínio. Zola agira da mesma forma, consagrando longas horas à redação desse texto literário e polêmico que foi *J'accuse*, ainda que inúmeros comentários posteriores tenham subestimado esse aspecto dessa obra.[4]

Após ter feito ressoarem os tambores do anti-semitismo de combate em 1886, ao publicar os dois volumes de *La France juive*, Édouard Drumont, membro da Société des Gens de Lettres, se jogou na aventura de *La libre Parole*, em abril de 1892. A seu lado, uma escritora reconhecida — Gyp, a Viscondessa de Martel de Janville — devia ajudá-lo em seu duvidoso combate, confiando ao jornal seus desenhos assinados Bob — ou Bobb — e seus artigos incendiários contra os correligionários do "Barão Sinaï" ou do "coronel Judasfrüss". Escritora de sucesso, publicada por uma casa de edição que convinha à literatura, a Calmann-Lévy, e depois na Fasquelle et Flammarion na época do Caso Dreyfus, ela tinha tiragens consideráveis e de forma alguma passava por uma autora menor ou por uma folhetinista vulgar aos olhos de seus contemporâneos (SILVERMANN, 1998). Certamente, as intrigas de seus romances se prestam a várias críticas, porque a realidade é muito pouco demarcada para que os heróis conservem a

---

[3] Duas das obras de maior sucesso de Octave Mirbeau.

[4] Ver MITTERAND, 1998, em que o autor insiste, ao contrário, no caráter eminentemente literário deste texto explosivo.

densidade dos personagens de ficção, mas, de certa forma, o mesmo poderia ser dito do Barão Duvillard de *Paris* de Zola, que aparecia imediatamente, ao leitor de 1898, como o substituto mal disfarçado do Barão Jacques de Reinach, herói involuntário do escândalo do Panamá dos anos 1892-1893 (MOLLIER, 1998c). Quanto a Maurice Barrès, redator do jornal *La Cocarde* após o fracasso do movimento boulangista, confiou *Le Roman de l'énergie nationale* ao editor de Zola, Eugène Fasquelle, antes de deixá-lo por Félix Juven, após 1900. Os três tomos de sua obra, *Les Déracinès*, *L'Appel au soldat* e *Leurs Figures*, punham igualmente em cena a atualidade, do escândalo do Panamá ao caso Dreyfus (STERNHEEL, 1972), sobre o qual também falava Anatole France no *L'Envers de l'histoire contemporaine* (MOLLIER, 1997b).

Sabemos, efetivamente, que os capítulos que compõem os quatro volumes desse panorama – *L'Orme du mail*, *Le Mannequin d'osier*, *L'Anneau d'améthyste* e *Monsieur Bergeret à Paris* – foram escritos, primeiramente, para abastecer suas crônicas do *L'Écho de Paris*, depois do *Fígaro*, onde elas apareciam, aliás, com o título genérico de *L'Envers de l'Histoire contemporaine* (BANCQUART, 1984). O vai-e-vem incessante entre o jornal e o livro encontrava aqui sua fórmula mais bem-sucedida, e também a mais visível, e é fácil verificar a complementaridade entre o comentário sobre a atualidade e sua passagem para a ficção. Contentar-nos-emos com um exemplo, o do tratamento dos problemas do Panamá no *L'Écho de Paris* e no *Le Mannequin d'osier*. Persuadido de que aí havia um forte elemento narrativo para explicar os dramas de sua época, Anatole France quis estetizar esse escândalo político-financeiro, que hoje, percebendo melhor, vimos ter inspirado não apenas os autores dos romances-folhetins, que, como Dubut de Laforest, farão dele o motivo de sua obra. *La Haute Bande*, publicada em 1893, pertence efetivamente a esse gênero criticado, mas Barrès, France e Zola não desdenharam a inspiração nos mesmos acontecimentos, o que é mais interessante e confirma a obrigação dos melhores romancistas do final do século XIX de mergulhar na atualidade, tratá-la como fato do cotidiano com alto teor sociológico, antes de voltar à sua principal atividade, a escrita literária.

Observa-se aqui, portanto, um duplo movimento que conduz os escritores a, ao mesmo tempo, fazer dos problemas de sua época um dos temas de seu universo ficcional e a utilizar a imprensa para interferir no debate político. Ora, é com as ferramentas da literatura que eles se transformaram em jornalistas ou cronistas, o que fez o sucesso de Léon Daudet no *L'Action française*, a partir de 1908, tendo a publicação de *Pays de parlementeurs*, em 1901, revelado esse escritor como um panfletário que anunciava o Louis-Ferdinand Céline dos anos 1937-1938. A literatização da política contemporânea e sua estetização foram assim fatores relevantes dos anos 1890-1900, e elas se verão prolongadas no ciclo do *Monde réel* de Louis Aragon, após a Primeira Guerra Mundial. Reabilitando, de certa maneira, o quadro político que, mesmo caricaturado e estigmatizado, penetrava com força no imaginário e na ficção, os homens de letras demonstravam a complementaridade de suas funções, as que resultavam do tratamento da atualidade e as que advinham da fabricação do literário. Se Jacques de Reinach é um personagem de romances verdadeiros, como em *Paris, Le Mannequin d'osier* e *Les Déracinés*, é também por que Drumont, no *La Libre Parole*, Mirbeau, no *L'Aurore*, France, no *L'Écho de Paris*, e Barrès, no *La Cocarde*, trataram os "problemas do Panamá" utilizando seu ofício de autores capazes de aplicar à realidade mais trivial e mais rasa – a malversação, a extorsão ou a corrupção dos meios políticos – os métodos que dedicavam a seus romances.

A literatura de rua

Aparentemente muito distante das obras de ficção que receberam seus títulos de nobreza ao serem aceitas no Panteão literário, a literatura de rua pertence a um gênero cuja genealogia mostra o elo que a une à atualidade política. Proliferando durante as grandes crises que acometeram os primeiros anos do regime republicano – o boulangismo, o panamismo, o dreyfusismo –, ela se reporta ao ocasional e ao folheto grosseiro do Antigo Regime, assim como ao impresso volante (*canard*) da Restauração ou à *complainte*[5] dos séculos XVII e XVIII. Ela pretende, efetivamente, falar dos acontecimentos, impregnar-se das preocupações do povo para transmitir sua visão do mundo

---

[5] Canção popular que conta acontecimentos tristes ou trágicos de um personagem. (N.T.).

e impor sua ideologia ou suas preferências em matéria de governo. Da mesma forma que os propagadores urbanos haviam desempenhado um papel essencial, ao colocar à disposição do público cartazes da Fronda ou ataques anti-monarquistas dos anos 1788-1792, os mascates do final do século eram os mediadores dessa prosa destinada a agir sobre a opinião, abalá-la e mobilizá-la. Nesse sentido, ela perseguia os mesmos objetivos que a imprensa política ou o jornal popular *antidreyfusiste*, tipo *Petit Journal* de Ernest Judet (PONTY, 1971). Como ele, ela era essencialmente distribuída pelos bulevares e se beneficiava da representação bastante teatral do canto dos jornaleiros, esses gritadores de um gênero particular que utilizavam seu órgão vocal e sua gesticulação para interromper o passante, fazê-lo cair em sua lábia, atraí-lo, por um momento, para seu universo mágico e fazê-lo comprar o impresso que assegurava sua subsistência.

O mesmo personagem é, além disso, freqüentemente o vendedor matutino das gazetas e, durante o dia ou à tarde, vendedor de objetos divertidos e de escritos efêmeros, escritos às pressas para interpretar o acontecimento do dia, comentá-lo e torná-lo acessível ao maior número de pessoas possível. Entre as formas usadas por esta literatura de rua, também chamada de *"littérature du caniveau"* ou *"du ruisseau"*,[6] (MOLLIER, 1998d) encontra-se a *chanson de rue*. Ela era a preferida dos transeuntes, por reunir música e caricatura, o aspecto em moda e o desenho de traços grosseiros ao poema rapidamente composto pra dramatizar a atualidade. Situando-se na linha da *complainte* de Fualdès, ela própria inspirada nos temas de Cartouche e Mandrin do século XVIII, a "canção" procurava se apiedar do destino trágico dos poupadores, roubados pelos *chéquards* do Panamá (MOLLIER, 1988b), ou provocar a emoção daqueles para quem Zola era um traidor da pátria, um prussiano convertido ao judaísmo ou um falsário empenhado em destruir a França (MOLLIER, 1999b). *La complainte du Vénitien Zola, L'Alphabet des Youpins, Le Châtiment de Zola em débâcle, Le Syndicat des vidangeurs, Youpin, Mouscaille et compagnie* ou *L'Interrogatoire de Dreyfus. Il n'est pas coupable!!! Il est déjà coupé!!!* fizeram a felicidade dos nacionalistas e dos partidários da liga,

---

[6] Da valeta, do escoadouro, da sarjeta. (N.T.).

em 1898, mas divertiram, igualmente, as dezenas e dezenas de milhares de *braves gens* que compraram essas versões literatizadas da propaganda política do momento. Além da *chanson de rue*, o falso comunicado mortuário ou o testamento humorístico também estavam em moda, desde a queda de Ferry em 1885 e a partida precipitada do Élysée do presidente Grévy, em 1887. *La Mise em bière allemande* de Dreyfus foi comercializada em mais de 200 mil exemplares, *Le Décès de Zola en cour d'assises* em 120 mil exemplares e *Le testament authentique d'Alfred Dreyfus* o foi nas mesmas proporções.

Os pasquins e os cartazes faziam parte do material do mascate e, se ele espalhava estes últimos pelas paredes para alertar os passantes, vendia os primeiros para lhes oferecer divertimento fácil. *L'Art et la manière d'obtenir la gueule à Zola* foi um dos mais célebres. Era apresentado como uma espécie de jogo da imaginação e se parecia, por esse aspecto, com os objetos divertidos, de sistemas, cordões ou engrenagens, que agradavam os parisienses. Podia-se, dessa maneira, fazer aparecer ou desaparecer à vontade as nádegas de la Mouquette ou de Zola, mergulhar este último no melado ou fazê-lo grelhar no inferno, o que ilustrava, ao mesmo tempo, a mercantilização da sociedade francesa na *Belle Époque* e o triunfo do brinquedo, das farsas e das armadilhas como passatempos do lazer ganho sobre o trabalho. Além desses pequenos objetos comercializados pelos mascates, os mataborrões ou papéis gomados, os jogos humorísticos do ganso e os telegramas-farsas eram muito apreciados. Todos aproveitavam o período do carnaval para incitar a população a rir e a subverter, ao menos simbolicamente, a ordem estabelecida. O grito dos mascates para atrair a atenção era, aliás, famoso: "Olhe aqui do que rir, veja com o que se divertir: o processo de Zola Mammès-Elisée-Rufin-Damiens-Émile, um processo que se sente. Vamos nos alimentar dele".[7]

Como vemos nesses exemplos, a literatura de rua, ao mesmo tempo em que usava o suporte – *La Gueule à Zola. Grand Duo chanté par Zola et Dreyfus au casino de l'île du Diable* ou o *Programme officiel des grandes fêtes du carnaval, avec le départ des youpins à l'île du Diable* –,

---

[7] "*Voici de quoi rire, voici de quoi s'amuser: le procès de Zola Mammès-Elisée-Rufin-Damiens-Émile, un procès qui se sent. On en mangerait*" (GRAND-CARTERET, 1898, p. 50).

saía às ruas, onde um pequeno teatro próximo da farsa de outrora servia de pretexto para estimular a compra desses produtos da atualidade. Inspirados pela leitura da imprensa, de onde destacavam os artigos mais surpreendentes e contundentes, aqueles que utilizavam os métodos do melodrama e do drama histórico para destacar a traição ou a velhacaria dos personagens maléficos, os autores desses textos literatizavam o acontecimento, romanceavam-no e o tornavam, alternativamente, cômico ou trágico, segundo as suas habilidades. Obrigados a se renovar quase cotidianamente, pertencendo ao mundo dos marginais das letras, poetas cancioneiros, atores sem teatro, versejadores para festas de família ou reuniões de bêbados, os Louis Gabillaud e outros Léon Hayard que tiveram os favores do público (MOLLIER, 1997c) de então amavam a obscenidade e a libertinagem, a escatologia e a pornografia. Introduziram, dessa forma, na vida política, métodos que anunciavam o *poujadisme*[8] do século XX e mesmo a agitação populista mais extremista. Muito ligado à extrema direita das ligas, *antidreyfusiste* e anti-semita, Léon Hayard, "o imperador dos mascates", era remunerado, na época, pelos movimentos nacionalistas para organizar uma manifestação dita espontânea, mas era, sobretudo, o grande fornecedor dessa literatura de rua que mantinha vivos tanto ele quanto seus batalhões de mascates famélicos que se lançavam pelas calçadas, ao sabor das mudanças pelas quais passava a França do caso Dreyfus.

Em um estudo desconcertante, *Le Moment antisémite. Un tour de la France*, Pierre Birnbaum (1998) concluiu, após uma passagem muito rápida pelos depósitos dos arquivos departamentais da França, ter havido entre os franceses, na época, uma impregnação nacionalista muito ampla, xenófoba e anti-judaica. Em nenhum momento comentou o fato de que os estudantes envolvidos nas manifestações ruidosas e muitas vezes violentas, ou seus seguidores, repetiam incansavelmente os mesmos argumentos extraídos da leitura de documentos mais ou menos literatizados, produzidos pela oficina da rua Montmartre, a loja do "imperador dos mascates", Léon Haynard. No entanto, a capacidade dessa imprensa, dessa "literatura de rua" se

---

[8] Atitude política inspirada por P. Poujade, que se caracteriza por ser reivindicativa e extremamente corporativista. (N.T.).

propagar, expandir as bases de seu público leitor, aparece aqui de forma evidente, uma vez que, em vários cantos do país, a polícia apreendeu esse material que desempenhou um papel decisivo na escalada vigorosa da agitação nacionalista. A força dessa propaganda moderna residia, essencialmente, em sua estetização, fato pelo qual não se interessava Birnbaun, que a trata indistintamente como um argumento puramente político. Ele não percebe o que talvez fosse o essencial na compreensão daquele período, isto é, a necessidade para os líderes de extrema direita de tratar a atualidade como um melodrama, desalojando os traidores de ficção, os bandidos comuns ou os espiões que anunciavam os "Fantômas" e os "Chéri-Bibi" dos anos seguintes, mas sempre se reportando a uma longa tradição narrativa, solidamente ancorada nas mentalidades.

Distribuída no período do carnaval, o momento preciso em que, a cada ano, certa subversão paródica e lúdica da ordem estabelecida era mais ou menos admitida ou tolerada pelas autoridades, essa produção literária adotava ainda mais contornos políticos quando aparecia como uma liberação, uma forma de exteriorizar os medos da época. Em um país que mudava com grande rapidez, sempre conservando uma parte de suas estruturas antigas (MOLLIER; GEORGE, 1994), as camadas sociais mais permeáveis à mensagem anti-semita eram aquelas que temiam ver desaparecer inexoravelmente o universo econômico, social e espiritual em que colocaram suas esperanças. Ao canalizar suas angústias, oferecendo-lhes um amplo desaguadouro, os agitadores nacionalistas dispunham de um meio muito eficaz para mobilizar as massas, mas sua modernidade nessa manipulação dependia, inicialmente, da recuperação dos dispositivos mais em voga. A *chanson de rues*, a *complainte*, o comunicado mortuário forneciam um material maleável, plástico, que se prestava muito bem para a farsa, o melodrama, mais do que para o drama propriamente dito. Basta dar uma olhada nas 5.500 notícias registradas na seção "Éditions populaires, chanson, livres de propagande" da *Bibliographie de la France*, entre 1880 e 1906, para se perceber a especificidade da literatura de rua e sua relação com a imprensa em época de tensão política (MOLLIER, 1997c).

Três picos nessa produção se destacam, de fato, claramente, correspondendo a três surtos ou a três períodos de agitação intensa – o boulangismo, o escândalo do Panamá e o caso Dreyfus, este último ultrapassando em amplitude os dois precedentes. Antes de 1886, o limite de 180 títulos anuais nunca era alcançado e caiu para 83 em 1906. Nesse meio tempo, ele atingia 344 notícias em 1889, 250 em 1893 e 382 – um recorde – em 1898 (MOLLIER, 1997c). Muito concentrada na região parisiense, no norte do país, na Baixa-Normandia e no Rhône-Alpes, a produção se nutre de múltiplos impressores e de inúmeros autores, mas, ainda assim, algumas empresas especializadas esmagavam todas as outras. Louis Gabillaud, Léon Hayard, sob seus nomes ou protegidos por pseudônimos em geral transparentes, ultrapassaram os Ernest Gerny, Jules Jouy, René Esse, Gonsalve Frémin, Victor Capart, Thomas de Laborde, Saint-Hilaire, Henry Dujour e Léon Maillot, que assinavam a maioria desses textos. Vindos do cabaré ou do café-concerto, então em plena ascensão, e dos pequenos salões de variedades, ou especializados nas *chansons de rues* e na farsa, eles eram perfeitamente capazes de modificar seu registro e passar para a política quando esta lhes parecesse suscetível de se prestar a uma literatização dos acontecimentos. Com *slogans* muito simples, como o sonoro "Abaixo Zola!" que ecoava nas manifestações e desfiles, incendiavam facilmente as ruas, fazendo-as vibrar com emoções intensas. Assim se juntaram o tumulto urbano, o cortejo de estudantes, os protestos populares e a agitação cuidadosamente organizada das ligas, o que parece anunciar para alguns as mobilizações fascistas do entre-guerras.[9]

Deixando de lado a libertinagem e o humor divertido, que dominam nos períodos de relativa calma, com a busca pelo escatológico e pelo pornográfico, gêneros muito apreciados, os autores desses textos permanecem, no entanto, muito próximos a seu registro inicial quando, transpondo para seus escritos os argumentos enunciados na imprensa nacionalista, ameaçavam cortar Dreyfus ou espancar[10] Zola.

---

[9] Apoiando-se nos trabalhos de Zeev Sternhell, entre os quais *Ni droite, ni gauche. L'idéologie fasciste en France* (1983), Pierre Birnbaum afirma uma identidade quase estrutural, pelo menos quanto aos massacres, entre os tumultos da França em 1898 e os da Alemanha, 40 anos depois.

[10] Jogo de palavras intraduzível aqui, o autor usou as expressões "*couper* Dreyfus" e "*fesser* Zola". "*Couper*" tem vários significados que caberiam no texto, entre eles: enforcar, amputar, castrar, ferir, cortar; "*fesser*" significa espancar nas nádegas. (N.T.).

Tentando, continuamente, fazer rir seus leitores e seus ouvintes, eles recorrem aos meandros menos puros de sua psicologia, fazem ressurgir o medo do "Boche"[11] de sinistra memória e demonizam seus adversários utilizando os métodos do melodrama e do romance-folhetim para chamar a atenção. De *Poivrot de la Place Maubert* e do *Enfants martyrs*, de Thomas de Laborde, ao *Polka des chéquards, Guillaume em goguette, La France aux Français, Chassons l'étranger!* a *Youtres* ou ao *Testament d'Alfred Dreyfus*, a passagem é fácil, e a reciclagem dos autores, facilitada por seu conhecimento do público, de suas reações, de emoções que seus editores, os donos do exército dos mascates que percorriam as ruas da capital, testavam constantemente. Capazes de modificar seu repertório de um dia para o outro, em função das vendas ou, ao contrário, do fracasso das produções da "livraria de rua", eles possuem uma vantagem incontestável sobre seus adversários, os editores "dreyfusards", que, a exemplo de Pierre-Victor Stock, preferiam promover os textos destinados a fazer o leitor pensar do que os destinados a seduzi-lo (MOLLIER, 1994). Da mesma maneira, não hesitavam em integrar as festas de carnaval em sua produção, o que concorria para adaptá-la admiravelmente ao período e às suas particularidades, o que, geralmente, era recusado pelos partidários do capitão Dreyfus que, quando muito, punham à venda as imagens de Épinal e um jornal satírico, *Le Sifflet*, para responder ao *Psst...!* de Caran d'Ache e Forain (MOLLIER, 1998d).

Cultura midiática e literatura de rua

De certa maneira, a prosa de Léon Hayard e a de seus amigos dependiam da passagem dos acontecimentos para a ficção, procedimento antigo pelo qual a França teve predileção às vésperas da tomada da Bastilha.[12] Da mesma forma, a injeção de informações políticas na narrativa ficcional não era nova,[13] e os almanaques se prestaram por longos anos a essa subversão da literatura pela política (LÜSSEBRINK, 2000).

---

[11] Gíria pejorativa para "alemão".

[12] Chloé Baril apresentou uma comunicação referente à utilização da ficção na informação política, no colóquio "Presse et littérature", ocorrido na Universidade de Montreal nos dias 26 e 27 de março de 1999. Suas propostas se alinham com as nossas.

[13] Chloé Baril também abordou esse aspecto.

No entanto, a comparação é enganosa, porque, se as técnicas não mudaram fundamentalmente, elas se adaptaram à era das multidões alfabetizadas e à mercantilização da sociedade, que são as características mais definitivas do período estudado, esta *Belle Époque* posteriormente ressuscitada por aqueles que terão conhecido os horrores da Grande Guerra de 1914-1918, mas que terão esquecido, desse modo, os fantasmas e as fobias mais nauseabundas desses anos de crise nacionalista. Por seu número e pela tiragem excepcional que tiveram, esses textos adaptados à circunstâncias tocaram, evidentemente, um leitorado muito mais considerável e impregnaram muito mais as consciências do que seus antecessores da época da Fronda, dos anos revolucionários ou da Restauração e das épocas seguintes.

Multifacetada, divertida ou inquietante, a "literatura de rua" brotava, efetivamente, em um terreno que a imprensa popular alimentava dia após dia. A identidade de visões entre as duas, a circulação e a permeabilidade de suas informações eram elementos relativamente novos, e o leitor ideal dessa época era aquele que comprava *Le Petit Journal, La libre Parole* pela manhã em Paris ou as edições diocesanas de *La Croix* nas províncias e, à tarde, as canções de Léon Hayard ou de Louis Gabillaud, os testamentos humorísticos e os objetos de sistema, destinados a aliviar suas angústias, a fazê-lo rir e a provocar sua cólera expiatória para que pudesse recuperar a calma antes de enfrentar um novo dia difícil. Moderna e adaptada à aparição de uma cultura midiática na França (MOLLIER, 1997d), essa propaganda *antidreyfusarde* correspondia exatamente ao aparecimento dessa *Age du papier*, que Félix Vallotton quis representar, quando confiou ao *Cri de Paris,* em 23 de janeiro de 1898, seu desenho mais conhecido. Sem a leitura cotidiana da imprensa, as produções literárias dos agentes do nacionalismo exacerbado não teriam podido atingir tantas pessoas, nem contribuir para agitá-las com tal força e tal constância durante um período tão longo, de janeiro de 1898 a setembro de 1899 (MOLLIERE, 2001b).

Mesmo não pertencendo aos gêneros mais nobres e não possuindo qualquer chance de adentrar o cânone da literatura, essa teatralização da vida política e sua passagem para a ficção dependem, sim, do literário, dos seus métodos, dos seus códigos e da sua retórica, o que demonstra a predileção dos leitores pela versificação das *chansons de rues*. Certamente, os efeitos conseguidos são grosseiros – "*Zola! Oh la la. Ça ne peut rimer qu'avec caca*",[14] canta o refrão da *Lettre aux sergents de ville d'Émile Zola* –, mas tendem a demonstrar o gosto do público pela rima, o aspecto melódico e, para terminar, a estetização da vida cotidiana. Todos os registros policiais confluem para este ponto capital: nas manifestações de rua e nos desfiles de protesto, não se encontra com os indivíduos detidos senão textos políticos mais ou menos literatizados.

A ausência de jornais ou artigos recortados sobre a ralé do nacionalismo e a sobre-representação do material literário tendem a confirmar sua aptidão para homogeneizar as atitudes dos leitores católicos e conservadores, a que freqüentemente se juntavam pessoas humildes, vindas de outros horizontes políticos, republicanos, socialistas, e até anarquistas anti-semitas.[15] Essa mistura surpreendente pode ser indiretamente preparada pela leitura dos manuais escolares divulgados em milhões de exemplares, já que eles haviam familiarizado as crianças de todos os meios, e de todos os lugares, com a idéia de que o "Boche" era um ser maléfico para o qual era preciso se preparar para combater algum dia. A imprensa popular, ao reviver o pesadelo da derrota de 1870 e a anexação das províncias orientais, enfatizando o martírio de suas populações, reforçou o impacto dessa mensagem. A literatura sobre o caso Dreyfus mostrava-se, então, complementar, e se Zola, de origem veneziana, podia ser muito facilmente associado ao judeu e ao prussiano, como o sublinha o primeiro número do *Psst...!* em fevereiro de 1898 (MOLLIERE, 1998d), é porque essa figura do Mal estava presente em todas as mentes há um bom tempo. Nesse sentido, essa pregnância de arquétipos compostos ao gosto do dia confirma a entrada da França em uma sociedade ou uma civilização midiática, cuja tendência natural é a de apagar as diferenças individuais, sociais ou regionais e fazer vibrar em uníssono os leitores vorazes que se deleitam com a leitura dos editoriais de Drumont

---

[14] "Zola! Oh la la. Isso só pode rimar com cocô." (N.T.).

[15] Zerv Sternhell e Pierre Birnbaum insistem nesse encontro inquietante entre anti-semitas e nacionalistas vindos dos dois extremos do tabuleiro político.

ou Judet, dos artigos de Gyp ou de Rochefort e dos escritos de Léon Hayard e de seus imitadores.

Sinal da emergência do novo em uma velha nação rural e tradicional, essa conjunção momentânea dos espíritos mais temerosos ou dos mais frustrados, a ligação entre a literatura e a imprensa de rua revela um dos aspectos mais desconcertantes do desenvolvimento da democracia e da generalização do sufrágio masculino desde 1848. Porque, a partir de então, cada eleitor conta por um e, ainda que as massas exprimam suas opiniões e participem do debate nacional, cabe às organizações e aos agitadores populistas, demagogos e nacionalistas utilizar, nos jornais e na literatura de grande difusão, os métodos mais eficientes para persuadir essas massas de que o inimigo está escondido na sombra e que aguarda o momento oportuno para se apossar do poder. Em oposição à visão romântica do texto destinado a esclarecer as consciências, a provocar nestas os sentimentos mais nobres, a literatura de rua se engajava na via da suspeita, da denúncia e da revelação permanente de escândalos reais ou supostos, que a grande imprensa iria elevar à categoria de paradigma no século XX.

CAPÍTULO IX

O surgimento da cultura midiática na *Belle Époque*: a instalação de estruturas de divulgação de massa

À primeira vista, remeter o surgimento da cultura midiática a um passado já longínquo, a *Belle Époque*, ou seja, os anos 1896-1914, assinala, na melhor das hipóteses, o gosto pelo paradoxo e, na pior, o anacronismo mais absoluto. Se admitirmos o postulado segundo o qual a cultura midiática é "uma formação cultural original, que não pertence nem à cultura erudita nem à cultura popular tradicional", redefinindo "as práticas culturais em termos de lazer e de mercado",[1] parece-nos legítimo datar historicamente sua aparição nos anos 60 do século XX. Não foi, efetivamente, senão após a Segunda Guerra Mundial que o taylorismo e o fordismo permitiram que as massas assalariadas dispusessem de tempo livre o suficiente – de lazer, caso se prefira – para consumir bens culturais apropriados às suas expectativas. Por outro lado, foi nessa época que os primeiros frutos da economia mundial se fizeram sentir e que um mercado planetário, ao menos potencialmente, autorizou o surgimento de uma cultura com vocação universal. Portanto, seria conveniente voltar a atenção para as inovações ocorridas após 1945 por exemplo, para o surgimento, no Canadá, da série Harlequin, antes de circunscrever a aparição de um fenômeno próprio do século XX, quando o cinema e a televisão relegaram a imprensa, e ainda mais o livro, a um segundo plano.

No entanto, os historiadores possuem, há muito tempo, o hábito de se servir dos conceitos e das ferramentas de análise do tempo

---

[1] Paul Bleton, texto redigido como preâmbulo à organização do colóquio "Culture médiatique et récit para littéraire", Universidade de Cergy-Pontoise, 22-24 de maio de 1996.

presente e transportá-los para o passado, a fim de verificar se eles mantêm uma parte de sua eficácia, até de seu valor heurístico. *A priori*, aprofundar-se na *Belle Époque* francesa em seu sentido mais amplo, isto é, os anos 1890-1914 que englobam este período propriamente dito e alguns anos que precederam a reviravolta da conjuntura econômica depressiva,[2] não resulta de uma fantasia, mas do desejo de observar a implementação de estruturas de difusão de massa que, provavelmente, têm relação com a emergência de uma cultura midiática. Os meios de ampla difusão da informação existiam antes, de fato, do desencadeamento do primeiro conflito mundial na Europa, uma vez que a imprensa francesa, antes de 1914, distribuía cerca de nove a 10 milhões de jornais diários, dentro de um universo populacional que não ultrapassava 40 milhões de habitantes na metrópole.[3] Por outro lado, a gratuidade e a obrigação escolar até os 13 anos eram acompanhadas pela venda de dezenas de milhões de manuais escolares, uniformemente espalhados por todo o território nacional. Enfim, o dinamismo do movimento operário acarretou a elaboração de uma legislação social que, embora tardia em comparação com a Alemanha e a Bélgica, tendia a limitar a duração do trabalho, a aumentar os salários e a permitir o crescimento das despesas com o lazer nos orçamentos familiares. Todos esses elementos mesclados, ou concomitantes, modificavam profundamente a situação dos franceses mais humildes, promoviam progressivamente o desaparecimento das diferenças regionais e uniformizavam o comportamento de forma vertiginosa. Uma revolução cultural silenciosa, se não temermos o uso de um termo freqüentemente mal empregado, se produzira no final do século XIX e no começo do século seguinte, lançando as bases para uma cultura midiática adaptada às condições da época.

[2] Na historiografia francesa, a *Belle Époque* é estritamente delimitada na origem pelo fim da Grande Depressão – um ciclo A Kondratiev sucedendo um ciclo B – e no final pelo começo da Grande Guerra. É evidente que tal marcação temporal possui todo o sentido em história econômica e justifica o isolamento dos anos 1896-1914, mas essa delimitação perde sua pertinência para o estudo de fenômenos que não se aplicam apenas à disciplina econômica.

[3] Para todos os cálculos e progressos da França na *Belle Époque*, recorreremos a MOLLIER, 1870-1940 e FAYARD, 1994.

Uma revolução cultural silenciosa no final do século XIX

Concluímos com freqüência, um tanto precipitadamente, que as leis escolares de 1881-1882, encarnadas na personalidade de Jules Ferry, permitiram que os franceses aprendessem a ler e que seu voluntarismo traduzia bem a filosofia profunda desses oportunistas, de orientação positivista e comtista, que pretendiam concretizar seu culto ao progresso. Inúmeros trabalhos atenuaram essa visão, rendendo homenagem à ação de François Guizot, que, em junho de 1833, fez votar a primeira lei obrigando as comunas francesas a manter as escolas primárias, e a Victor Duruy, que, a partir de 1863, prosseguiu e ampliou esse esforço. A ação de Jules Ferry não foi de modo algum secundária nessa questão, pois ele decretou que dali por diante a aprendizagem escolar seria competência do Estado, suprimindo com isso as defasagens, o atraso das meninas em relação aos meninos, e dos camponeses em relação aos citadinos. O sistema editorial francês se adaptou bem a essas mudanças, e a expansão da livraria Hachette havia acompanhado a primeira etapa. Ao final do Segundo Império, o surgimento das casas Delagrave em 1865 e Armand Colin em 1870 retratava a tomada de consciência dos profissionais do livro elementar de que uma mudança se esboçava na conjuntura. No início da 3ª República, o aparecimento das sociedades Vuibert, em 1876, e Hatier et Nathan, em 1881, confirmou a abertura de um mercado de massa relativamente competitivo.[4] As políticas educativas se juntaram, seja por quais fossem os motivos, e os poderes públicos, os governos, os administradores e os prefeitos concordaram em despender somas importantes nessa área. Uma portaria de janeiro de 1890 ilustra perfeitamente a mudança de mentalidade: daqui por diante, cada criança escolarizada deve possuir seis manuais escolares adaptados a seu curso – preparatório de seis a oito anos, elementar de oito a 10, médio de 10 a 12. Esse texto é fundamental para que se perceba a agitação que abala a França: que a família compre essas obras ou que seja a coletividade que as coloque à disposição da criança, nenhum jovem de

---

[4] Ver cap. II.

menos de 13 anos conseguiria se furtar à convivência prolongada com o impresso, o que até então nunca acontecera.

O estudo atento dos sucessos de um recém-chegado no mercado, o editor Armand Colin, antigo escriturário da Delagrave que se instalou por conta própria em 1870, permite dimensionar a mudança de escala ocorrida em um setor do mercado livreiro totalmente dominado pela livraria Hachette & Cie, desde 1835. Na época da Exposição Universal de Paris, em 1889, ele estabeleceu um balanço provisório de suas atividades, orgulhando-se em mostrar que, em 17 anos, conseguira vender 50 milhões de livros escolares destinados ao ciclo primário, então o único obrigatório. Suas receitas para eliminar os rivais ou distanciá-los eram simples mas eficazes e, sobretudo, inovadoras. O editor tinha, primeiramente, cuidado de sua publicidade, enviando um exemplar de sua primeira gramática à totalidade dos membros do corpo docente, o que nunca fora feito nessa proporção, e depois concentrou toda sua atenção na qualidade da rede de distribuição e nas suas relações com a alta administração, da qual, em grande parte, dependiam as encomendas dos manuais. Seus resultados foram notáveis e merecem alguns comentários. Nesses anos 1872-1889, a gramática francesa de Larive e Fleury totalizou 12 milhões de exemplares realmente vendidos, a geografia de Pierre Foncin, 11 milhões, a aritmética de Pierre Leysenne, seis milhões, e a história da França de Ernest Lavisse, cinco milhões. Em 1920, os dois primeiros empataram com 26 milhões de livros comercializados, Leysenne chegou a 15 milhões e Lavisse a 13 milhões, como foi visto anteriormente.[5]

O importante para a gênese de uma cultura midiática não está no estabelecimento de listas de *best-sellers*, mas na apreensão do fenômeno e de suas implicações. Durante muito tempo houve um encantamento com o êxito do jovem Louis Hachette, que recebeu encomendas quase exclusivas do ministro de Instrução Pública de 1832, François Guizot, e seu primeiro biógrafo citava entusiasmado a divulgação excepcional da *Petite Histoire de France*, de Mme de Saint-Ouen, com 2,2 milhões de exemplares vendidos entre 1830 e

---

[5] Ver cap. II.

1880 (MISTLER, 1964). Em comparação com as performances de Armand Colin, as de seu concorrente se tornam retrospectivamente insignificantes ou, sobretudo, pertencem a outro contexto, a outro universo. Com o início da 3ª República, vemos se delinear um contexto cultural de massa, cuja tendência profunda está na captação da totalidade do público escolhido *a priori* por suas publicações, enquanto que seu colega não podia esperar mais do que conquistar a confiança da parcela do público que comprava livros de classe. A mudança de proporção é considerável, e pode-se falar em educadores nacionais (*instituteurs nationaux*) a propósito desses redatores de manuais escolares, desde que não se atribua apenas a Lavisse essa característica, mas que se lhe confira a quem a merece: os Larive, Fleury, Foncin, Leysenne, Lavisse e outros G. Bruno, de cujo *Le Tour de la France par deux enfants. Devoir et patrie* foi vendido, entre 1877 e 1900, um total de seis milhões de exemplares.[6]

Foi, portanto, nesses anos que precederam a retomada da economia que se produziu essa revolução cultural que fez com que o material impresso penetrasse no coração dos lares de todos os franceses. Numa fase em que, com muita freqüência, coabitavam sob o mesmo teto três gerações – a primeira ainda analfabeta, a segunda recentemente alfabetizada –, foi a terceira geração que se beneficiou de um sistema educativo uniforme e relativamente eficiente. Conseqüentemente, ela é que era detentora do papel de transmissor cultural, que lia os jornais para os mais velhos ou utilizava o manual escolar, o livro de leitura, por exemplo, para contar histórias aos adultos. Compreende-se melhor por que, nessas condições, o surgimento das bibliotecas particulares em meios populares quase sempre teve início com a conservação dos livros de classe, antes de se estender aos folhetins e aos livros práticos. Além disto, e as cifras citadas acima o confirmam, difundia-se a mesma cultura nacional em todas as regiões, terminando por incorporar o campo e pulverizar as diferenças e particularidades que Eugen Weber teve o equívoco de sublinhar em

---

[6] NORA (1984-1995) estuda o educador nacional menos pertinente, contrariamente às aparências, como sempre enganadoras nesse aspecto, e esquece que a ideologia passava mais certamente pelos canais menos visíveis do que os da história. Ver nossas próprias dissertações em MOLLIER, 1993, cap. II.

um famoso ensaio (1983). Certamente os dialetos não desapareceram como por encanto antes de 1914, nem as crenças ou superstições locais, mas a penetração de livros idênticos, em todas as fazendas e em todas as moradias, pulverizou, num prazo muito curto, as bases dos universos mentais particulares.

Se Armand Colin conseguiu chegar a um mercado unificado, que se estendia por todo o território nacional, foi essencialmente porque soube impor a seus autores um conteúdo que não se atrevia a incomodar as mentes ou a seduzir uma categoria de leitores em detrimento de outra. Numa época em que a questão religiosa dividia o país, os manuais escolares editados por essa empresa se abstinham de abordar de frente esse assunto. A moral que emana dessas obras é consensual, fundamentada no amor à pátria, no culto ao progresso, na defesa de valores tradicionais, no gosto pelo trabalho, no sucesso por méritos individuais, no senso da poupança, na condenação da preguiça, da indolência, etc. (MOLLIER, 1993, cap. 11). Quando nos dedicamos a ler esses *best-sellers* da *Belle Époque*, percebemos que a narrativa está no cerne do dispositivo textual, quer se trate de manuais de história, de geografia, de educação cívica, quer se trate de gramática e mesmo aritmética. O educador nacional devia contar uma bela história, introduzir certezas no espírito de seus leitores, e não convidá-los a uma reflexão que os desorientasse. *La Première Année d'histoire de France* de Lavisse se inspira até mesmo na confecção ancestral dos catecismos para propor sumários que, formalmente, se assemelham a versículos da Bíblia. Do mesmo modo que a base da pedagogia do professor do primário residia em sua capacidade em manter em suspenso um auditório, os fundamentos do livro de classe repousavam em sua semelhança com a narrativa, em sua proximidade com a arte do conto e do romance.

Ao lado da escola e do manual escolar, nos primeiros decênios da 3ª República a imprensa francesa conhece um desenvolvimento considerável. A partir do lançamento do *Petit journal* de Polydore Millaud em 1863, o jornal sofre uma alteração considerável. Vendido a 1 *sou*, esse jornal não político já não é oferecido somente aos leitores habituais, à diferença do *La Presse*, do *Siècle* ou de seus concorrentes, mas proposto a um número indistinto de leitores. O esforço empenhado pelo promotor para dispor de quiosques de vendas em todas as estações das estradas de ferro – 1.200 em 1900 – ou em suas proximidades assegura uma rede de divulgação sobre o território absolutamente surpreendente. O caso Tropmann, em 1869, mantém em suspenso centenas de milhares de franceses, que descobrem as conseqüências da imprensa moderna e popular, aquela que faz correr ou escoar o sangue na primeira página por tanto tempo quanto for necessário para saciar os leitores. A lei de julho de 1881, muito liberal, suprime todas as restrições anteriores – direito de selo, fiança, etc. – e a progressão dos números de venda confirma a penetração do jornal nos lares. Em 1870, a distribuição alcançava, todos os títulos reunidos, um milhão de exemplares diários. Em 1881, chegava-se a três milhões, o que explica amplamente a redação de uma legislação mais apropriada a tal contexto. Às vésperas da Grande Guerra, 30 títulos nacionais e 175 títulos regionais totalizaram cerca de oito a nove milhões de consumidores, o que significa que o número de leitores era superior à metade ou a três quartos da população francesa (BELLANGER, 1972).

Além da mudança de escala provocada pela leitura de massa do jornal no final do século XIX, não podemos esquecer as inovações que permitiram ou acompanharam essas transformações nos hábitos dos homens e mulheres. Enquanto que o periódico dos anos de 1830 era essencialmente destinado a um público culto, letrado, burguês e abastado, seu sucessor dos anos de 1900 visava categorias sociais muito mais amplas. Para que isso fosse possível, procedeu-se a uma recomposição geral do conteúdo. A introdução do folhetim no rodapé da primeira página do jornal (THIESSE, 1984) foi uma primeira revolução sobre a qual já insistimos. Sob a 3ª República, o aparecimento das *fait divers*[7] na primeira página e no corpo do jornal provocou outras conseqüências capazes de lançar as bases de uma cultura midiática adaptada às massas populares, desde então consumidoras de jornais. Após 1825, *La Gazette des tribunaux* traçara um caminho, oferecendo, sem exigir esforço dos romancistas, a trama de suas narrativas, *Le Rouge et le Noir* e *Madame Bovary*, entre outros; mas esses

---

[7] Em francês, *fait divers* refere-se à seção no jornal em que são narrados fatos cotidianos, apenas com expressão local, dizendo respeito sobretudo a crimes, acidentes, etc.

leitores privilegiados eram capazes de utilizar um pequeno artigo ou um sumário judiciário para imaginar uma obra romanesca inteiramente original. Com a narrativa criminal nos *Le Petit Journal, Le Journal, Le Petit Parisien, Le Matin* e seus 200 concorrentes, e depois a narração das investigações policiais que levavam à detenção dos criminosos, o público se contentava com o que recebia e não tinha o menor interesse em construir um universo no qual o crime não seria mais que um episódio secundário (KALIFA, 1995).

A explosão do *fait divers* no jornal foi tão grande, na *Belle Époque*, que é possível contabilizar até 12 narrativas criminais, mais ou menos detalhadas, em cada número. Dominique Kalifa, em uma tese pioneira (1995), dimensionou a extensão concedida a essas investigações policiais nos principais títulos nacionais. Cedendo 20% de sua paginação, *Le Petit Parisien* encontrou a fórmula que lhe permitiu, em poucos anos, suplantar seus concorrentes, como *Le Petit Journal*, preocupado demais com política geral no momento do caso Dreyfus. A narrativa dos feitos dos *apaches*, dos *casquettes* e de outros *mandrins* que aterrorizavam a população atingiu seu apogeu na época do caso *Casque d'or* e prosseguiu até 1914. Além disso, esse tipo de narrativa preparou os espíritos para que aceitassem, sem questionar, a lavagem cerebral da Primeira Guerra Mundial, os crimes abomináveis dos "boches" se sucedendo aos dos delinqüentes comuns. Graças a esses *fait divers* descritos longamente pela imprensa, os franceses da *Belle Époque* aprenderam a se orientar no espaço das grandes cidades e a se atribuir uma memória dos acontecimentos que, de outro modo, lhes teria faltado. Esse é o aspecto mais perspicaz e mais inovador do estudo de Dominique Kalifa. Ele, de fato, mostrou e demonstrou que a alienação dos leitores não passava de uma conseqüência secundária dessa cultura de massa introduzida no país em torno de 1900. Para as centenas de milhares de camponeses desenraizados que afluem às grandes aglomerações, cujo passado lhes é desconhecido, a leitura da imprensa popular produz efeitos positivos. Eles podem discutir no seu entorno, no trabalho, no café, nas ruas, as ações maldosas de tal ou tal criminoso, comentar seus mínimos atos e gestos, dar sua opinião, em suma, participar de uma vida social que os integra gradualmente em seu novo universo. A aculturação que supõe esse fenômeno não é, portanto, simplesmente a perda de uma cultura camponesa, mas a aquisição de uma cultura urbana que, à sua maneira, estrutura o migrante, fazendo com que ele se pareça com qualquer habitante há muito aclimatado. Aqui, o lazer não é de forma alguma necessário para autorizar o desenvolvimento de uma cultura midiática, ou então ele se limita a algumas poucas horas de tempo livre cotidiano, extraídas no cair da tarde após um dia de trabalho. De todo modo, o resultado mais significativo dessa ascensão vigorosa do *fait divers* na imprensa de grande tiragem foi a socialização acelerada dos indivíduos e sua relativa homogeneização em um universo cultural cada vez mais idêntico sobre toda a superfície do país.

O triunfo do romance policial em torno de 1900-1914 procede de fenômenos semelhantes. Sucessor adaptado do romance-folhetim surgido nos anos 1836-1839, ele conheceu um sucesso considerável após 1900. Com efeito, foi em 1905 que surgiu o personagem Arsène Lupin, em 1907 o Rouletabille, em 1909 os Fantômas e Zigomar e, em 1913, o Chèri-Bibi. Maurice Leblanc, Gaston Leroux, Souvestre e Allain e Léon Zazie se inspiraram na atualidade para escrever romances que mantivessem o leitor em suspenso durante longas semanas, provocando nele certo número de emoções intensas e a ocasião de partilhá-las com seus semelhantes. O crescimento de um sentimento de insegurança, em grande parte irracional já que desmentido pela estatística judiciária, encontra, nessas leituras e na leitura das notícias de crimes publicados pela imprensa, material para se desenvolver. Estereótipos duradouros põem-se então a circular, acusando as histórias em quadrinhos de corromper a juventude e, em breve, acusando o cinema de fornecer à juventude desocupada a trama para suas proezas. No entanto, esse aspecto do desenvolvimento de uma cultura midiática inquieta, essencialmente, os detentores da ordem estabelecida, os conservadores que recusam às classes desfavorecidas, aos operários das grandes cidades, o livre acesso à leitura, ao lazer. A intriga policial de *Une ténébreuse affaire* não lhes trazia nenhum problema de consciência, em se tratando de um romance de Balzac. Com Fantômas ou Arsène Lupin, devorados por centenas de milhares de franceses, sua reação já não é a mesma, e eles temem que as aventuras desses heróis do mal inspirem desejos condenáveis, a subversão imaginária da ordem social que precederia a subversão da sociedade. A tomada de posição dos censores – o Abade Bethléem, que, em 1904, publicou seu famoso ensaio *Romans à lire et romans à proscrire*, é o mais conhecido –, dos magistrados e dos parlamentares de direita traduzem a patente recusa das conseqüências do desenvolvimento de uma cultura de massa.

Manual escolar, imprensa a preço baixo e romance popular concorreram, assim, para o estabelecimento de uma paisagem mental francesa típica da *Belle Époque*. Seus traços mais evidentes são a exaltação de um patriotismo, até de um nacionalismo fechado, que pode beirar o chauvinismo. A insegurança para a criança da escola primária é a presença de uma Alemanha demograficamente forte, possuidora de uma indústria poderosa, expansionista e ameaçadora nas fronteiras e, sobretudo, nas duas províncias anexadas, a Alsácia e Lorena. As crises de Tanger e Agadir, em 1905 e 1911, não eram apenas anunciadoras de um eventual conflito mundial, como enfatizam os partidos socialistas adeptos da Internacional. Elas fizeram temer a perda do lugar que a França ocupava no mundo e, assim, reforçaram o clima de angústia em que viviam inúmeros adultos. Quando estes extraíam de suas leituras de *fait divers* ou de romances policiais a mesma impressão de estarem cercados pelos apaches ou criminosos, reencontravam, sem que houvesse dúvida, os primeiros temores surgidos durante a infância. A continuidade é patente entre as duas fontes de suas fobias, e a narrativa própria ao fato histórico ou cívico e aquela utilizada pela imprensa ou pela literatura popular produzem, aos poucos, seu efeito.

A revolução cultural ocorrida entre 1890 e 1914 abalou as estruturas mentais, resultando num indivíduo mais homogêneo, muito mais socializado, compartilhando com seus contemporâneos, ainda que espacialmente muito distantes, um horizonte de expectativa relativamente comparável. A produção maciça de impressos de todos os tipos e a explosão do consumo de papel contribuíram amplamente para o aparecimento de um cidadão francês cujo modo de vida quase não se distinguia de uma região para outra. O folhetim costurado a mão, a biblioteca popular – escolar, no princípio –, o jornal, o livro a preço baixo, a canção vendida nas ruas pelos mascates, os cartões-postais, os volantes, os cartazes, os prospectos, a publicidade, tudo contribuiu para provocar essa mudança capital que constitui o nascimento de uma cultura midiática, nacional e de vocação uniformizante. Dois aspectos contraditórios foram destacados: de um lado a aculturação acelerada de indivíduos que dali extraíram a argamassa ou a liga social necessária para a estruturação de sua personalidade; de outro a escalada progressiva de um sentimento de mal-estar, de um temor social, que, das classes burguesas, se propagava para as outras categorias sociais e alimentava o ódio do "Boche", obsessivo durante todo o curso do primeiro conflito mundial.

Um sistema editorial adaptado à revolução cultural silenciosa da *Belle Époque*

Em oposição à Alemanha, que conheceu um ritmo de desenvolvimento extensivo, considerando o crescimento de sua população, o modelo francês foi, sobretudo, intensivo. Apenas a inovação de produto, a colocação no mercado de livros em formato e preços reduzidos, permitira responder eficazmente à contrafação estrangeira a partir de 1838, data do aparecimento da Bibliothèque Charpentier. Ao fazer com que o preço do volume caísse de 15 F para 3,50 F, o editor parisiense abria uma nova via para o comércio de material impresso em seu país. Ao oferecer o equivalente a dois volumes in-oitavo a 7,50 F em um formato compacto, ele se dava os meios para, por sua vez, concorrer com os impressores belgas, italianos ou prussianos que ameaçavam suas exportações. Michel Lévy foi mais longe ao lançar, em 1846, as *Œuvres complètes* de Alexandre Dumas pai a 2 F no formato grande in-18 inglês, chamado Jesus. Em 1855, ele reincidiu, criando a Collection Michel Lévy a 1 F, que publicou *Madame Bovary* e tantas obras cuja tiragem inicial passara a 6.600 exemplares, o que constituía um primeiro passo para a difusão de massa (MOLLIER, 1988a). A partir de 11 de setembro de 1870, a supressão do regime de licença, em vigor desde 5 de fevereiro de 1810, fez com que o sistema editorial francês adentrasse o mundo da livre concorrência. Novos editores, especializados mais na distribuição, na comercialização do que na procura de valores literários, vieram disputar fatias importantes do mercado com as antigas e prestigiadas casas. Ernest Flammarion, que começara vendendo tecidos, obteve um avanço inegável, e sua Collection des Auteurs Célèbres distribuiu 20 milhões de volumes entre 1888 e 1914 (PARINET, 1992), essencialmente em reedições, a bom preço, de escritores já conhecidos. Arthème Fayard, o segundo do nome, foi ainda mais longe a partir de 1904, propondo coleções com tiragens iniciais de 50 mil ou 100 mil exemplares. A Modern Bibliothèque era comercializada a 0,95 F, em uma versão ilustrada, e o Livre Populaire a 0,65 F, ou 13 *sous*, o que prova a retomada de inovação do produto após 1900 (GRANDJEAN, 1996). Um único exemplo é suficiente para mostrar a extensão das mudanças em curso no âmbito do livro popular: *Pêcheur d'Islande* de Pierre Loti, distribuído em mais de 500 mil exemplares pelas edições Calmann-Lévy na Nouvelle Collection illustrée a 0,95 F entre 1906 e 1919. Evidentemente a maioria dos editores parisienses compreendera o perigo representado pela Flammarion e pela Fayard, caso eles não reagissem rapidamente, e se adaptaram, aceitando a dura regra da diminuição do preço do livro, que exigia, em contrapartida, a alta vertiginosa das tiragens. Foi algo que ocorreu antes da Primeira Grande Guerra, e a edição francesa entrara na era dos 100 mil antes mesmo que Bernard Grasset tivesse pretendido inventá-la nos anos de 1920 (MOLLIER, 1988a).

Nesse mercado em forte crescimento, o impresso popular, ou seja, destinado ao maior número de leitores possível, seduzia inúmeros profissionais que outorgariam à literatura de grande difusão seu título de nobreza. Ao lado de Flammarion e de Fayard, é preciso citar os Albert Méricant, Jules Rouff, Joseph Ferenczi, Jules Tallandier e outros editores que continuaram o sistema de venda de romances em fascículos a 0,10 F ou 0,20 F, acrescentando coleções de volumes a seus catálogos. Eles mesmos precisavam inovar constantemente para não desaparecer, porque a concorrência aumentara nos anos que precederam a Primeira Guerra Mundial. A alemã Eichler importou para a Europa e para a França, as aventuras dos heróis americanos, Buffalo Bill, Nick Carter e Nat Pinkerton, e os seis irmãos Offenstadt, franceses apesar de sua origem alemã, como diziam seus detratores, lançaram os jornais ilustrados para os jovens, disputados por todos: *L'Épatant*,

Cri-Cri, L'Intrépide e *Fillette*. As aventuras de *Pieds-Nickelés* dariam a volta ao mundo, mas, para aquilo que nos interessa aqui, o que importa é a vontade desses profissionais em atingir todos os públicos. Jean-Paul Sartre contou em sua biografia, *Les Mots*, com que avidez esperava cada número de *L'Épatant*, para a tristeza de seu avô, professor de alemão. Seu testemunho confirma o entusiasmo de sua geração, a primeira a descobrir os jornais ilustrados contendo histórias em quadrinhos e os álbuns reservados às aventuras mais fascinantes dos seus heróis. Mesmo os editores tradicionais precisaram aceitar essas mudanças, tal como Gautier-Languereau, que colocou no mercado *La Semaine de Suzette* e, antes de 1914, os primeiros álbuns consagrados a *Bécassine*.

Como vimos por meio da lembrança de alguns exemplos, o mercado do impresso ganhou em profundidade com a retomada da economia em 1896, data do início da segunda fase de industrialização do país. A cronologia da história da edição segue apenas imperfeitamente a da economia nacional, e vários elementos de reorganização econômica do comércio livreiro foram implementados antes mesmo da reviravolta do ciclo industrial. De todo modo, foi em torno dos anos de 1890-1914, na verdade 1875-1900, que se estabeleceram as bases materiais de uma cultura midiática com vocação nacional, agitando a economia interna do sistema de distribuição de impressos. Sob esse ponto de vista, as reformas escolares foram fundamentais, por permitirem transformar todo aluno do ensino primário em um leitor potencial do jornal cotidiano e um consumidor de romances a preços baixos. Surgiram necessidades específicas para certas categorias de clientes: para as crianças, os adolescentes e os jovens, os ilustrados; para as mulheres, a multiplicação de coleções de romances sentimentais; para os homens, as séries policiais, etc. A capacidade inovadora dos editores permitiu a desarticulação das armadilhas da estagnação demográfica, o que provavelmente explica o fato de que, na França, a literatura popular, embora criticada pelos censores e pelos estetas, obteve mais facilmente o reconhecimento do que na Alemanha, onde a *Triviallitteratur* permaneceu objeto de um ostracismo quase geral (BARBIER, 1995).

Cultura midiática e narrativa paraliterária

Costumamos dizer que o livro escolar, o manual aqui lembrado, fez com que a grande literatura clássica, depois romântica e realista, ou naturalista, entrasse no espírito das crianças do fim do século XIX e do começo do XX. Alguns vêem nisso até mesmo a origem de um sentimento de rejeição ou de desagrado dos jovens contra uma cultura erudita imposta pelas elites, os orientadores, em suma, os mestres escolares. Isso é verdade, sem dúvida, por um lado, mas esse estereótipo deixa encoberta a forma material que reveste o livro de classe, os princípios que guiaram sua redação, sua composição. Ora, o princípio das características do discurso narrativo parece dominar os manuais escolares da *Belle Époque*. Quando examinamos de perto a *Histoire de France*, de Lavisse, percebemos que a velha fórmula catequista não desapareceu e que os sumários a serem memorizados pela criança se assemelham demais a versículos da Bíblia. Se abrirmos o *Le Tour de la France par deux enfants. Devoirs et patrie*, vemos na obra o mesmo esquema narrativo. Para incutir valores cívicos nas crianças pequenas, usava-se o livro de leitura corrente, tanto na escola pública quanto na escola particular, da qual a livraria Belin era um dos fornecedores habituais. A redatora Mme Fouillée, esposa de um filósofo renomado, utilizava receitas narrativas, da bela história, dos contos, do romance leve. Por se tratar de transmitir, ao mesmo tempo, conhecimentos úteis, e até indispensáveis ao futuro trabalhador e soldado da nação, de proceder à aculturação de toda uma geração, sem diferença de classes ou de regiões, a escritora jogava com a emotividade do leitor, daquele que escutava religiosamente as aventuras de André e Julien, os pequenos mártires da derrota francesa de 1870. O périplo dos dois começa simbolicamente em Phalsbourg, pátria de Erckmann e Chatrian, de Michel Lévy e do Marechal Mouton, lugar que eles têm de deixar, no início da narrativa, para recuperar a liberdade. Suspense, reviravoltas, aventuras e desventuras, à moda dos romances da condessa de Ségur, ornam a narrativa. Se prosseguíssemos na pesquisa, percorrendo os manuais escolares de Ernest Lavisse e Pierre Foncin, provavelmente descobriríamos uma trama comparável, que explicaria amplamente o sucesso comercial dessas obras. Talvez conviesse, então, procurar no próprio corpo desses livros, que foram os autênticos e únicos *best* e *long-sellers* da época, as origens dessa cultura midiática que triunfaria no século seguinte.

A imprensa e o romance de amplo consumo, privilegiando o *fait divers*, a narrativa criminal na qual a investigação se impõe aos poucos após 1870 até dominar em 1900, confortam o leitor em sua busca por textos dos quais estão banidos a interrogação, a dúvida, a crítica, o espírito de livre observação. Cabe aos literatos, e não aos historiadores, confirmar ou negar essa constatação, mas nos parece que a localização da instalação dessa cultura midiática pode ajudar os primeiros a progredir em sua análise dos códigos utilizados pela literatura. Uma revolução cultural silenciosa nacionalizou os franceses por volta de 1880-1900. A partir desse dado bruto – a existência de uma massa mais ou menos homogênea de leitores, espalhados por toda a extensão do território metropolitano[8] –, quaisquer que fossem as diferenças regionais e a sobrevivência de línguas ou patoás e dialetos locais, a edição de massa conseguiu atender à demanda de bens culturais e provocá-la, graças a uma inteligente e permanente inovação de produto, que é a característica dominante do período. Assim foram descobertos, progressivamente, segmentos de partes do mercado correspondentes a conjuntos de leitores cada vez mais distintos – hoje diríamos focados – que os profissionais procuravam captar ou conservar.

Como observou Dominique Kalifa, o *fait divers* e a narrativa policial de larga difusão possuem uma função social bem precisa. Produzem memória, fornecem pontos de orientação, oferecem material para discussão, para troca, a populações aparentemente desenraizadas, vindas das províncias, produtos do êxodo rural, arriscadas a perder toda a identidade na grande cidade onde procuram trabalho. Pela leitura cotidiana do *fait divers* e dos romances de investigação, elas não apenas apagam ficticiamente suas individualidades e, momentaneamente, suas diferenças, mas encontram uma nova identidade ao se

---

[8] Deixamos de lado os leitores do império colonial por falta de estudos precisos sobre os métodos de ensinar e de ler nesses territórios onde os missionários – particularmente os padres brancos da África – possuíam suas próprias prensas e imprimiam manuais escolares nas línguas locais.

integrar à nação, a seus medos e a seus fantasmas. A mescla identitária das cidades não teria sido tão rápida sem o desenvolvimento da escolarização, e a cultura midiática finalmente forneceu novas bases aos desenraizados, a quem ajudou a viver as mudanças pelas quais passava a França e que agitavam um velho país rural, com tradições há muito protegidas.

Conclusão

Quer falemos da emergência de uma cultura midiática para destacar a importância da imprensa, do jornal, do periódico e da revista ao lado do livro, quer falemos do surgimento de uma cultura de massa, nos dois casos, a condição social do leitor mudou, e a leitura das elites cedeu lugar à de um número maior de pessoas. Incontestavelmente, trata-se ali mais de uma revolução que de uma evolução, de uma mudança radical das condições materiais que subentendem a produção do impresso. Silenciosa por não acarretar mudança no quadro político e não fazer correr sangue, essa revolução cultural é, provavelmente, o acontecimento mais importante ocorrido na Europa entre os séculos XVIII e XX, não obstante a revolução industrial que viria transformar, por fim, os camponeses em citadinos. Muitas vezes reunidos para a comodidade da exposição, esses dois processos, na realidade, conheceram ritmos próprios, mas foram eles que permitiram a passagem de uma sociedade para outra.

Sem a mudança técnica, a introdução do vapor na prensa e depois a da eletricidade na vibração das rotativas e das grandes linotipos do fim do século XIX, o surgimento da edição moderna teria sido retardado ou, de todo modo, não teria podido produzir todos os seus frutos. Sem a alfabetização de toda a população, no entanto, como o demonstram os exemplos da Itália e da Espanha, o que teria sido adiado seria o aparecimento das literaturas populares nacionais, do mesmo modo que a democracia sofreria com o fraco número dos leitores de jornais. Independentes ainda que estreitamente ligados, esses dois fenômenos abalaram o comportamento das populações em relação ao divertimento, fazendo nascer, no final do século XIX, uma indústria de lazer com vistas a um belo futuro. De certa forma, a extensão de um suscitava o aumento do outro, mas será tarefa do século XX responder a esse desafio.

Fundamentados em uma reflexão que vai do surgimento dos gabinetes de leitura do século XVIII ao desenvolvimento das bibliotecas para todos após 1880, e à eclosão da edição de massa por volta de 1900-1910, esses ensaios sobre história cultural tratam, como vimos, da mudança de práticas culturais na época contemporânea. Desse ponto de vista, não deixaremos de sublinhar o fenômeno de desqualificação – uma deslegitimação na verdade e uma perda de poder simbólico no *Panthéon des Lettres* – que acomete os escritores ingressos no *mainstream* da indústria cultural. A partir de então considerados como verdadeiros desclassificados, esses novos excluídos da distinção social perdem seu prestígio e o reconhecimento de suas qualidades literárias, à medida que se expandem as fileiras dos seus leitores. À sua maneira, eles se juntam ao drama que afetou, antes deles, gêneros literários inteiros, como o romance de cavalaria, que ocupa o essencial da proposta de Cervantes nas aventuras de *Dom Quixote*, ou ainda a narrativa picaresca do tipo de *Gil Blas de Santillane*. Expulsos do paraíso dos clássicos, onde por um tempo fizeram a delícia dos iniciados, entram em um longo purgatório, que somente o livro de bolso do século XX, pelo menos aquele que retoma o livro nobre, os permitirá, às vezes, deixar. Nessa contradança de laureados ou de listas de *best* e *long-sellers*, se percebe um pouco da história cultural da Europa de hoje em dia.

O folhetim provocou uma profunda crise nos anos 1836-1841 e as mentalidades se organizaram entre partidárias e detratoras do fenômeno, antes mesmo que ele criasse uma literatura específica. Dez anos depois, era a vez do romance a 4 *sous* receber os golpes daqueles que temiam a leitura dos humildes. Com o gabinete de leitura precisamente, e, mais tarde, a biblioteca pública se tornando biblioteca de empréstimo ou circulante, todos os ingredientes estavam reunidos para o desaparecimento dos obstáculos materiais que haviam limitado o acesso das massas ao livro. Isso levou tempo, mas, globalmente, a França lia cada vez mais livros à medida que se avançava no século, o que devia, uma vez mais, provocar a inquietude dos moralistas e dos orientadores sociais de todos os tipos. Com efeito é isso o que mais aflige aquele que tenta retomar, hoje, o dossiê da leitura pública para com ele fazer história (CHARTIER; HÉBRAD, 2000). Do final do século XVIII até a Segunda Guerra Mundial, se quisermos propor marcos extensos, a questão da alfabetização de massas, a da escolarização de todas as camadas da população, e o aumento rápido dos meios de informar e distrair, incomodarão os espíritos mais ponderados.

Quaisquer que sejam, por outro lado, suas tomadas de posição no aspecto político e suas respectivas ideologias e crenças, todos aqueles encarregados da juventude, ou que acreditavam dever dirigir a marcha das mulheres e do povo para o progresso, desconfiavam das conseqüências de uma leitura aberta, livre de todo obstáculo. Do mesmo modo, aceitavam colocar em todas as mãos obras sobre as quais pesava a atenção das instituições – manuais escolares, dicionários, enciclopédias, livros práticos ou de divulgação e narrativas destinadas à primeira infância – enquanto olhavam com circunspeção as ficções romanescas e as séries sentimentais ou policiais. Reencontramos, por esse viés, o fantasma do popular, que, na ausência da realidade, foi, efetivamente, ao centro das interrogações das elites nos séculos XIX e XX. Da emenda Riancey de 1850, que taxa as leituras que supostamente agradariam ao povo, à censura que atinge Boris Vian um século depois, quando ele publica *J'irai cracher sur vos tombes*, um clima semelhante de inquietude percorre a França e, além de suas fronteiras, a maior parte da Europa. Nos dois casos, os inquisidores laicos toleram a licença ou, ao menos, o livre-arbítrio das classes educadas, mas perseguem impiedosamente a expansão dessa disposição a um maior número (MOLLIER, 2000a, cap. IX). O exemplo de Quebec antes da "revolução tranqüila" é revelador neste aspecto: em seu romance intitulado *Le libraire*, Gérard Bessette conta que, nos anos 1950-1960, o livro *Romans à lire et romans à proscrire* do Abade Bethléem permanecia a Bíblia de todos os profissionais em matéria de conselho literário ao leitor (MOLLIER, 1999a, p. 32)!

Estamos longe, neste universo em que reina um medo surdo do mal, da liberdade ilimitada que parece querer, atualmente, presidir a reconquista dos leitores perdidos para as mídias audiovisuais. Em nome do princípio do prazer que supostamente tudo resolve e de liberar a leitura de suas exigências escolares, tenta-se devolver para o livro populações atraídas pelo vídeo game, pela navegação na Internet ou pelo zapeamento frenético pelas centenas de canais de televisão que oferece a tela catódica (BAUDELOT; CARPENTIER; DÉTREZ, 1988). Essa simples constatação basta para apontar a passagem de uma sociedade para outra, o que torna mais original aquela que perdemos. Nesse estabelecimento de uma evidente solução de continuidade, a aparição da cultura de massa foi decisiva. Foi ela que focalizou as angústias, fez correr litros de tinta, tanto em terras católicas quanto protestantes, como o demonstra o caso exemplar de Genebra, onde o medo do "mau" livro foi efetivamente um espectro onipresente no século XIX (PITTELOUD, 1988a), e é isto que queríamos destacar. Agora que, após 20 anos, o conceito de popular recuou a ponto de perder, aparentemente, toda legitimidade, ele reaparece subitamente com energia, se quisermos levar um tempo a examinar sua representação, a sua fantasmagoria, dirão alguns, na consciência das elites de antigamente. Talvez o mais surpreendente seja, desse ponto de vista, a cumplicidade que une os antigos notáveis às novas camadas do fim do século XIX, ou os pastores cristãos aos guias laicos, republicanos, e até socialistas das massas modernas.

Quer eles tenham recebido essa missão sagrada de Deus – lutar contra a mensagem dos Iluministas, disse o jesuíta Nicolas de Diesbach em 1771[1] –, de uma organização – a Ligue de l'Enseignement, com Jean Macé em 1866 – ou de um partido político – por exemplo, a SFIO após 1905 –, todos imaginam que a multiplicação dos leitores e das leituras exige sua vigilância. Devotados, sem dúvida, à sua tarefa, cheios de abnegação e coragem, esses militantes do controle social temem, uns, a descristianização acelerada da população, outros a alienação das consciências. Em nenhum momento confiam no julgamento dos leitores, em sua inteligência ou em sua capacidade de

---

[1] Ver a série dos *Matériaux pour une histoire de la lecture et de ses instituitions*, publicada a partir de 1999 por Noë Richter, sobre esse aspecto.

não confundir real e ficção. Por essa disposição comum, confirmam a idéia segundo a qual a passagem da cultura erudita à cultura de massa amedronta as elites européias desde os anos de 1880. Como essa transição acompanha a extensão na mesma área geográfica da democracia, não podemos deixar de nos perguntar se, fundamentalmente, não é esta que provocava as reações descritas. Se essa versão possui uma parcela de legitimidade, a história da leitura e de seu público na época contemporânea é uma outra forma de abordar essa questão fundamental, pois o voto de cada indivíduo adulto em uma suposta sociedade supõe, em princípio, sua capacidade de se informar, de ler jornais, abrir dicionários e enciclopédias para se documentar, e de mergulhar nas ficções mais diversas para relaxar, se distrair ou ocupar seu tempo livre.

Fontes

O capítulo I: "O papel da literatura popular no desenvolvimento das editoras parisienses no século XIX" apareceu no tomo 9/1989 dos *Études et mémoires de la section d'histoire de l'université de Lausanne*, intitulado *Littérature populaire. Peuple et littérature* (p. 53-87). O capítulo II: "O manual escolar e a biblioteca do povo" foi publicado no n. 80/1993 de *Romantisme*, intitulado *L'Édition populaire* (p. 79-93). O capítulo III: "O folhetim na imprensa e a livraria francesa no século XIX" foi publicado no n. 7/1999 do periódico *Les Annuelles*, intitulado *Littérature "bas de page". Literatur "unter dem Strich"* (éd. Antipodes, p. 5-18). O capítulo IV: "O romance popular na biblioteca do povo" figurou no volume intitulado *Le Roman populaire en Question(s)* (Limoges, PULIM, 1997, p. 585-598).

O capítulo V: "Enciclopédia e comércio livreiro do século XVIII ao século XX", foi publicado no t. 21/1997 de *Littérales*, periódico da Universidade Paris X- Nanterre, intitulado *L'Entrepriese encyclopédique* (p. 295-310). O capítulo VI: "Biblioteca de Babel: coleções, dicionários e enciclopédias", foi extraído do volume *L'Invention du XIXe siècle* (Paris, Klincksieck, 1999, p. 329-338). O capítulo VII: "A divulgação do conhecimento no século XIX, um exercício delicado" foi publicado no n. 108/2000 de *Romantisme*, intitulado *L'Idée de progrès* (p. 91-101). O capítulo VIII: "Literatura e imprensa de rua na *Belle Époque*" figura no n. 36, 3/2000 do periódico quebequense *Études françaises*, intitulado *Presse et littérature* (p. 81-94). Quanto ao capítulo IX: "O surgimento da cultura midiática na *Belle Époque*" foi extraído do vol. 30, n. 1/outono de 1997 do periódico quebequense *Études littéraires*, intitulado *Récit paralittéraire et culture médiatique* (p. 15-26).

Agradecemos profundamente a todos esses periódicos e casas editoras francesas, canadenses e suíças que nos autorizaram graciosamente a reprodução destes artigos, cujo conteúdo foi, em princípio, conservado integralmente, sendo que os índices e as referências bibliográficas foram submetidos a uma atualização.

Referências

AGULHON, M. Le sang des bêtes. Le probléme de la protection des animaux au XIXe siècle. *Romantisme*, n. 31, 1981.

BALZAC, H. *Correspondance*. t. 1, éd, de R. Pierrot. Paris: Garnier frères, 1960-1969.

BALZAC, H. *Illusions perdues*. Paris: Gallimard, 1966. (Col. Bibliothèque de la Pléiade).

BALZAC, H. *Œuvres diverses*. Paris: Gallimard, 1996. (Col. Bibliothèque de la Pléiade).

BANCQUART, M.-C. *Anatole France. Um septique passionné*. Paris: Calmann-Lévy, 1984.

BARBIER, F. *L'Empire du livre, le livre imprimé et la construction de l'Allemagne contemporaine (1815-1914)*. Paris: Éd. Du Cerf, 1995.

BARBIER, F. et al. (Org.). *L'Europe et le livre: réseaux et pratiques du négoce de librairie XVIe-XIXe siècles*. Paris: Klincksieck, 1996.

BARBIER, F. Une production multipliée. In: CHARTIER, R.; MARTIN, H. J.; VIVET, J.-P. (Orgs.). *Histoire de l'édition française*. Paris, reed.: Fayard, 1990-1991. 4 v., t. III. p. 105-136.

BAUDELAIRE, C. Le Spleen de Paris, XLIX. In: PICHOIS, C. (Org.). *Œuvres completes*. Paris: Gallimard, 1975-1976. 2 v., t. I. p. 357-359. (Col. Bibliothèque de la Pléiade).

BAUDELOT, C.; CARPENTIER, M.; DÉTREZ, C. *Et pourtant ils lisent*. Paris: Éd. Du Seuil, 1998.

BECKER, J.-J. *Comment les Français sont entrés dans la guerre. Contribuition à l'étude de l'opinion. (printemps-été 1914)*. Paris: PFNSP, 1987.

BÉGUET, B. (Org.). *La Science pour tous: sur la vulgarisation scientifique em France de 1850 à 1914*. Paris: Bibliothèque du CNAM, 1990.

BELLANGER, C, et al. (Org.). *Histoire générale de la presse française*. t. 3. 1871-1940. Paris: PUF, 1972.

BELLET, R. Une bataille culturelle, provinciale et nationale. À propos des Bibliothèques populaires (1867). In: *Dans le creuset littéraire du XIXe siècle*. Tusson: Du Lérot éd, 1995. p. 579-604.

BENSAUDE-VINCENT, B.; RASMUSSEN, A. (Orgs.). *La science populaire dans la presse et l'édition. XIXe-XXe siècles*. Paris: CNRS, 1997.

BERSTEIN, S. La Ligue. In: *Histoire des droites em France*. Paris: Gallimard, 1992. 3 v. p. 69-77.

BERTHIER, P. *La presse littéraire et dramatique au début de la monarchie de Juillet (1830-1836)*. Tese (Doutorado de État) – Universidade Paris IV, 1994.

BERTHIER, P. Miroirs des littératures du monde: les revues parisiennes (1830-1835). *Romantisme*, n. 89, p. 7-27, 1995.

BIED, R. Le monde des auteurs. In: CHARTIER, R.; MARTIN, H. J. (Org.). *Histoire de l'édition française*. Paris: Promodis, 1983-1986. 4 v., t II, p. 588-604.

BIRNBAUM, P. *Le moment antisémite*. Un tour de la France de 1898. Paris: Fayard, 1998.

BLOCH, R. H. *Le plagiaire de Dieu*. La fabuleuse aventure de l'abbé Migne. Paris: Éd. du Seuil, 1996.

BOLLÈME, G. *Le peuple par écrit*. Paris: Éd. du Seuil, 1986.

BOLLÈME, G. *La Bibliothèque bleue*. Paris: Gallimard-Julliard, 1971. (Col. Archives).

BONNET, J.-C. (Org.). *La Camagnole des muses*. Paris: Armand Colin, 1988.

BORGES, J. L. La bibliothéque de babel. In: *Fictions*. Paris: Gallimard, 1983. (Col. Folio).

BOTREL, J.-F. *La diffusion du livre em Espagne (1868-1914)*. Madrid: Bibliothèque de la Casa de Velasquez, 1988.

BOTREL, J.-F. Paul Féval romancier espagnol. In: *Paulo Féval romancier populaire*. Rennes: PUR, 1992.

BOUFFARTIGUE, J.; MÉLONIO, F. (Eds.). *L'enterprise encyclopédique*. Nanterre: Centre des Sciences de la Littérature, Université Paris X, 1997.

BOUVIER, B. *L'Encyclopédie d'architecture (1850-1892): une revue miroir de son temps*. Tese (Doutorado em História) – EPHE, 1999. 2 v.

CAHART, P. *Le livre français a-t-il um avenir?* Paris: La Documentation française, 1988.

CASTELLANO, P. *L'Enciclopedia Espasa. 1907-1933. Histoire d'une entreprise d'édition espagnole*. Tese (Doutorado em Letras) – Universidade de Rennes II, 1994. 2 v.

CAVALLO, G.; CHARTIER, R. *Histoire de la lecutre dans le monde occidental*. Paris: Éd du Seuil, 1997.

CHARTIER, A.-M.; HÉBRARD, J. *Discours sur la lecture (1880-2000)*. Paris: Fayard, 2000.

CHARTIER, R. Bibliothèque sans murs. In: *Culture écrite et société. L'ordre des livres (XIVe-XVIIIe siècle)*. Paris: Albin Michel, 1996. p. 107-131.

CHARTIER, R. *Lectures et lecteurs dans la France d'Ancien Régime*. Paris: Éd. Du Seuil, 1987a.

CHARTIER, R. (Org.). *Les usages de l'imprimé*. Paris: Fayard, 1987b.

CHARTIER, R.; MARTIN, H. J. (Org.). *Histoire de l'édition française*. Paris: Promodis, 1983-1986. 4 v., t. III.

CHARTIER, R.; MARTIN, H. J.; VIVET, J.-P. (Orgs.). *Histoire de l'édition française*. Paris, reed.: Fayard, 1990-1991. 4 v., t. III.

CHOPPIN, A. *Le pouvoir et les livres scolaires ao XIXe siècle. Les commissions d'examen des livres élementaires et classiques. 1802-1875* (thesis). Paris: Université de Paris I, 1989.

CHOPPIN, A. *Les manuels scolaires. Histoire et actualité.* Paris: Hachette, 1992. (Col. Éducation).

CLAUDE-BEAUNE, J. et al. *Les sauvages dans la cite.* Seyssel: Champ Vallon, 1985. (Col. Milieux).

COMPAGNON, A. *Connaissez-vous Brunetière?* Paris: Éd. Du Seuil, 1997.

CRUBELLIER, M. L'envol de la production. In: CHARTIER, R.; MARTIN, H. J.; VIVET, J.-P. (Orgs.). *Histoire de l'édition française.* Paris, reed.: Fayard, 1990-1991. 4 v., t. III. p. 15-41.

DARMON, J.-J. *Le colportage de librairie em France sous le Second Empire.* Paris: Plon, 1972.

DARNTON, R. *Bohème littéraire et revolution.* Paris: Hautes Études-Gallimard/Éd. du Seuil, 1983.

DARNTON, R. *L'aventure de l'Encyclopédie.* Paris: Librairie académique Perrin, 1982.

DELPORTE, C. *Les journalistes en France, 1880-1950. Naissance et construction d'une profession.* Paris: Éd du Seuil, 1999.

DOPP, H. *La contrefaçon des livres français em Belgique. 1815-1852.* Louvain: Librairie universitaire, 1932.

DUMASY, L. *La querelle du roman-feuilleton. Littérature, presse et politique, un déba tprécurseur (1836-1848).* Grenoble: Ellug, 1999.

DUROSELLE, Caroline. *La librairie Armand Colin (1870-1939).* Tese (Doutorado em História) – Universidade de Paris X, Nanterre, 1991.

FABIANI, J.-L. *Les philosophes de la Republique.* Paris: Éd. De Minuit, 1988.

FALCONER, G. (Org.). *Autour d'un cabinet de lecture.* Toronto: Centre d'études du XIXe siècle, 2001. (Col. À la recherche du XIXe siècle).

FEBVRE, Lucien. *L'Enciclopédie française.* Actes du Colloque do IMEC. (Org. Olivier Dumoulin e Jacqueline Pluet-Despatin). Paris: IMEC, 2001.

FURET, F. (Org.). *Livre et société dans la France du XVIIe siècle.* Paris: Mouton, 1965-1970. 2 v.

FURET, F.; OZOUF, J. *Lire et écrire. L'alphabétization des Français, de Calvin à Ferry.* Paris: Éd. De Minuit, 1977. 2 v.

GAUDON, S. *Correspondance Victor Hugo – Pierre-Jules Hetzel.* Paris: Éd. Klincksieck, 1979.

GESLOT, J.-C. *Victor Duruy professeur, historien, ministre. Une réussite universitaire au XIXe siècle (1811-1834).* Dissertação (Mestrado em História) – Universidade de Versalhes, Saint-Quentin-em Yvelines, 1997. 2 v.

GIRARDET, R. *Le nationalisme français.* Paris: Éd. du Seuil, 1983.

GOSSEZ, R. Presse parisienne à destination des ouvriers, 1948-1851. In: GODECHOT, J. (Org.). *La Presse ouvrière 1819-1851. Bibliothèque de la révolution de 1848.* t. XXIII, 1966. p. 123-190.

GRAND-CARTERET, J. *L'affaire Dreyfus et l'image.* Paris: Flammarion, 1898.

GRAND-CARTERET, J. *Zola en images*. Paris: Félix Juven, 1908.

GRANDJEAN, S. *L'évolution de la librairie Fayard (1857-1936)*. Tese (Doutorado em História) – UVSQ, 1996.

GRIVEL, C. *Production de l'interêt romanesque*. La Haye: Mouton, 1973.

GUILLAUME-COURTEILLE, L. *Les Éditions Belin (1820-1880) ou une réussite mesurée dans l'édition scolaire*. Tese (Doutorado em História) – Paris X, Nanterre, 1991.

GUISE, René. *Le phénomène du roman-feuilleton 1828-1848. La crise de croissance du roman*. Tese (Doutorado em Letras) – Universidade de Nancy II, 1975.

GUIZOT, F. *Rapport au roi sur l'état de l'instruction*. (1832). Paris: Imprimerie royale, s.d.

HETZEL, P.J. *Un éditeur et son siècle*. Nantes: ACL, 1988.

HOGGART, R. *La culture du pauvre (1957)*. Paris: Éd. de Minuit, 1970.

KALIFA, D. *L'encre et le sang. Récits de crimes et faits divers à la Belle Époque*. Paris: Fayard, 1995.

KRAKOVITCH, O. Le Théâtre sous la Restauration et la monarchie de Juillet. Lecture et spectacle. In: VAILLANT, A. (Org.). *Mesures du livre*. Paris: BNF, 1992. p. 147-164.

KULHMANN, M.; KUNTZMANN, N.; BELLOUR, H. *Censure et bibliothèques au XXe siècle*. Paris: Éd. Du Cercle de la Librairie, 1989.

La Grande Encyclopédie. Paris: Lamirault & Cie, 1885-1895. 31 v., t. 1.

LAROUSSE, P. *Grand Dictionnaire universel du XIXe siècle*. Paris: Larousse, 1866-1876. 15 v., t. I.

LE PLAY, F. *Les Ouvriers de deux mondes*, 1857-1908. 12 v.

LEMIRE, M. Romans-feuilletons et extraits littéraires dans les journaux canadiens de 1830 à 1850. In: GALARNEAU, Claude; LEMIRE Maurice (Org.) *Livre et lecture au Québec (1800-1850)*. Quebec: Institut québécois de recherche sur la culture, 1988.

LEPAGE, A. *Les Boutiques d'esprit*. Paris: Olmer, 1879.

LORAIN, P. *Tableau de l'Instruction publique em France, d'après les documents authentiques et notamment d'après les supports adressés au ministre de l'Instruction publique par les 400 inspecteurs chargés de visiter toutes les écoles en France à la fin de l'année 1833*. Paris: Hachette, 1837.

LOUÉ, T. *La "Revue des Deux-Mondes" de Bulloz à Brunetière: de la belle époque des revues à la revue de la Belle Époque*. Tese (Doutroado em História) – Universidade de Paris I, 1998.

LUC, J. N. *L'Invention du jeune enfant au XIXe siècle. De la salle d'asile à l'école maternelle*. Paris: Belin, 1997.

LÜSEBRINK, H.-J. La littérature des almanachs: réflexions sur l'anthropologie du fait littéraire. *Études françaises*, Québec, n. 36/4, p. 47-63, 2000.

LÜSEBRINK, H. J.; MIX, Y. G.; MOLLIER, J.-Y. (Org.). *La circulation des almachs em Europe et dans les Amériques (XVIIe-XIXe siècle)*. Bruxelas: Complexe, 2001.

LYONS, M. *Le triomphe du livre*. Paris: Promodis-Cercle de la Librairie, 1987.

MANDROU, R. *De la culture populaire aux XVIe et XVIIe siècles*. Paris: Stock, 1964.

MARTIN M. Journalistes et gens de lettres (1820-1890). In: VAILLANT, A. (Org.). *Mesure(s) du livre*. Paris: Bibliothèque nationale, 1992. p. 107-123.

MAYEUR, J.-M. *La séparation de l'Église et de l'État*. Paris: Julliard, 1966.

MAZALEYRAT, J.-F. *L'année terrible: évolution de son enseignement au sein des écoles primaires durant la IIIe Republique*. Tese (Mestrado em História) – Paris X, Nanterre, 1988.

MÉLONIO, F. *Encyclopédie et démocratie au XIXe siècle. Encyclopédie et esprit encyclopédique de l'Antiquité classique au XXe siècle*. Documento multigráfico, Universidade Paris X, Nanterre, 1994. p. 43-49.

MICHON, J.; MOLLIER, J.-Y. (Orgs.). *Les mutations du livre et de l'édition dans de monde du XVIIIe siècle à l'an 2000*. Québec: Les Presses da Universidade Laval; Paris: L'Hamattan, 2001.

MIRBEAU, O. *L'affaire Dreyfus*. Éd. de Pierre Michel e Jean-François Nivet. Paris: Séguier, 1991.

MISTLER, J. *La Librairie Hachette de 1826 à nos jours*. Hachette: 1964.

MITTERAND, H. *Histoire, Mythe et littérature: la mesure de J'accuse... Historical Reflections/ Reflexions historiques*, v. XXIV, n. 1, p. 7-23, 1998.

MOLLIER, J.-Y. Aux origines de la loi du 16 juillet 1849. La croisade de l'abbé Bethléem contre les illustrés étrangers. In: CRÉPIN, Thierry; GROENSTEEN, Thierry (Org.). *On tue à chaque page! La loi de 1949 sur les publications destinées à la jeunesse*. Paris: Ed. du Temps, 1999a. p. 17-34.

MOLLIER, J.-Y. Encyclopédie et commerce de la librairie du XVIIIe au XXe siècle. *Littérarales*, n. 21, 1997.

MOLLIER, J.-Y. La bataille de l'imprimé. *Littérature et nation, Les représentations de l'affaire Dreyfus dans la presse em France e à l'étranger*, número fora de série, Tours, Universidade François-Rabelais, p. 15-28, 1997b.

MOLLIER, J.-Y. La librairie du trottoir à la Belle Époque. In: *Le commerce de la librairie en France au XIXe siècle. 1789-1914*. Paris: IMEC, 1997c. p. 233-241.

MOLLIER, J.-Y. La fabrique éditoriale. In: PLUET-DESPATIN, Jacqueline (Org.). *Lucien Febvre et l'Encyclopédie française*. Paris: IMEC, 2001a.

MOLLIER, J.-Y. La naissance de la culture médiatique à la Belle Époque. Mise em place des structures de diffusion de masse. *Études littéraires*, v. XXX, n. 7, p. 15-26, outono 1997d.

MOLLIER, J.-Y. La propagande dreyfusarde et antidryfusarde en France de 1894 à 1900. In: GROSSMAN, K. M. et al. (Orgs.). *Confrontations. Politics and Aesthetics in Nineteenth Century France*. Atlanta: Rodopi, 2001b, p. 274-286.

MOLLIER, J.-Y. *L'argent et les lettres. Histoire du capitalisme d'édition (1880-1920)*. Paris: Fayard, 1988a.

MOLLIER, J.-Y. *Le commerce de la librairie em France au XIX siècle (1789-1914)*. Paris: IMEC Éd./Éd. de la MSH, 1998a.

MOLLIER, J.-Y. L'éditions dans la tourmente de L'affaire Dreyfus. In: DROUIN, M. (Org.). *L'affaire Dreyfus de A jusque Z*. Paris: Flammarion, 1994.

MOLLIER, J.-Y. L'édition em Europe avant 1850. Balzac et la proprieté littéraire internationale. In: *L'Année balzacienne*, 1992. p. 157-173.

MOLLIER, J.-Y. Le manuel scolaire et la bibliothèque du peuple. *Romantisme*, n. 80, p. 79-93, 1993.

MOLLIER, J.-Y. L'imprimerie et la librairie en France dans les années 1825-1830. In: MEYERS-PETIT, Judith (Org.). *Balzac imprimeur et défenseur du livre*. Paris: Paris-Musées/Des Cendres, 1995a. p. 17-38.

MOLLIER, J.-Y. Le rôle de la littérature populaire dans l'évolution des maisons d'éditions parisiennes au XIXᵉ siècle. In: JOST, H. U. (Org.). *Littérature populaire, Peuple et littérature, n. 9, 1998b. (Études et mémoires de la section d'histoire de l'Université de Lausanne*. Lausanne, 1989. p. 53-87, cap I.).

MOLLIER, J.-Y. *Le scandale de Panama*. Paris, Fayard, 1988b.

MOLLIER, J.-Y. *Le scandale de Panama*. Paris: Fayard, 1991.

MOLLIER, J.-Y. Les contre-Zola. In: GIEU, J.-M. (Org.). *Intolérance et indignation, l'affaire Dreyfus*. Paris: Fischbacher, 1999b. p. 95-108.

MOLLIER, J.-Y. Les tentations de la censure d'hier à aujourd'hui. In: MOLLIER, J.-Y. (Org.). *Où va le livre?* Paris: La Dispute, 2000a.

MOLLIER, J.-Y. *Louis Hachette (1800-1864). Le fondateur d'un empire*. Paris: Fayard, 1999c.

MOLLIER, J.-Y. (Org.). *Manuels scolaires et Révolution française*. Paris: Éditions Messidor, 1989.

MOLLIER, J.-Y. *Michel et Calmann Lébvy ou la naissance de l'édition moderne (1836-1891)*. Paris: Calmann-Lévy, 1984.

MOLLIER, J.-Y. (Org). *Où va le livre?* Paris: La Dispute, 2000b.

MOLLIER, J.-Y. Un sphinx bourguignon. In: MOLLIER, J.-Y.; ORY, P. (Org.). *Pierre Larousse et son temps*. Paris: Larousse, 1995b. p. 9-27.

MOLLIER, J.-Y. Zola dans de ventre des villes: de la réalité à la fiction. *Les cahiers naturalistes*, n. 72, p. 263-273, 1998c.

MOLLIER, J.-Y. Zola et la rue, *Les cahiers naturalistes*, n. 72, p. 75-91, 1998d.

MOLLIER, J.-Y.; GEORGE, J. *La plus longue des Républiques 1870-1940*. Paris: Fayard, 1994.

MOLLIER, J.-Y.; ORY, P. (Org.). *Pierre Larousse et son temps*. Paris: Larousse, 1995.

MUCHEMBLED, Robert. *L'Invention de l'homme moderne*. Paris: Fayard, 1988.

NADAUD, M. *Mémoires de Léonard, ancien garçon maçon*. Bourganeuf: Duboueix, 1895.

NODIER, C. Du mouvement intellectuel dans la littérature et dans les arts sous le Directoire et le Consulat. *Revue de Paris*, p. 24, 23 nov. 1834.

NORA, P. Lavisse, instituteur national. *Les Lieux de mémoire, t. I: La Republique*. Paris: Gallimard, 1984-1985. p. 237-289.

NORA, P. *Les Lieux de mémoire*. Paris: Gallimard, 1984-1995. 7 v., t. I: *La Republique*.

OLIVERO, I. *Des ouvriers se lancent dans l'édition; l'aventure de la "Bibliothèque nationale"*. Tese (Mestrado em História Contemporânea) – Paris VII-Jussieu, 1987.

OLIVERO, I. *L'invention de la collection*. Paris: IMEC/Éd de la MSH, 1999.

OLIVERO, I. *L'invention de la collection au XIXe siècle. Le cas de la "Bibliothèque Charpentier" (1838) et celui de la "Bibliothèque nationale" (1863)*. Tese (Doutorado em História), 1994.

OZOUF, J.; OZOUF, M. *La République des instituteurs*. Paris: Hautes Études-Gallimard; Éd. du Seuil, 1992.

PAGÈS, A. *Émile Zola, um intellectuel dans l'affaire Dreyfus*. Paris: Séguier, 1991.

PARENT, F. *Les cabinets de lecture. La lecture publique à Paris sous la Restauration*. Paris: Payot, 1982.

PARENT, F. *Lire à Paris au temps de Balzac*. Paris: EHESS, 1978.

PARINET, E. *La librairie Flammarion (1875-1914)*. Paris: IMEC Éd., 1992.

PARMENIE, A.; LA CHAPELLE, C. B. *Histoire d'um editeur et de seus auteurs, P.J. Hetzel (Stahl)*. Paris: Albin Michel, 1953.

PELLERIN, V. *L'abbé Bethléem (1869-1940) – um pionnier de la lecture catholique*. Tese (Mestrado em História) – Universidade de Versalhes Saint-Quentin-en-Yvelines, 1994.

PELLETANCHE, V. *Contrôle et répression de l'imprimé sous le Second Empire*. Tese (Doutorado em História) – Universidade de Versalhes Saint-Quentin-en-Yvelines, 1994.

PERCHERONT, A. L'École em porte-à-faux, réalités et limites des pouvoirs de l'école dans la socialisation politique. *L'École*, n. 30, número especial de *Pouvoirs*, 1984.

PETIT, A. Les enjeux de l'encyclopédie positiviste. In: MÉLONIO, F. *Encyclopédie et esprit encyclopédique de l'Antiquité classique au XXe siècle*. Documento multigráfico, Universidade Paris X – Nanterre, 1994. p. 51-53.

PITTELOUD, J.-F. *"Bons" et "mauvais" lecteurs. Politiques de promotion de la lecture populaire à Genève au XIXe siècle*. Genève: Société d'Histoire et d'Archéologie, 1998.

PONTY, J. *La presse devant l'affaire Dreyfus. Contribuition à une étude sociale d'opinion publique, 1898-1899*. Tese (Doutorado em História) – EPHE, 1971.

PROST, A. *Histoire de l'enseignement en France 1800-1967*. Paris: Armand Colin, 1977.

QUEFFÉLEC, L. *Le roman-feuilleton français au XIXe siécle*. Paris: PUF, 1989. (Col. Que sais-je?).

QUÉRÉ, M. *La librairie d'éducation Alexandre Hatier (1881-1928)*. Dissertação (Mestrado em História) – UVSQ, 1997.

REYBAUD, L. *César Falempin*. Paris: Michel Lévy frères, 1845. 2 v., t. 1.

RICHTER, N. *Bibliothèque et éducation permanente. De la lecture populaire à la lecture publique*. Le Mans: Bibliothèque de l'Université du Maine, Angers, 1981. (Datilografado).

RICHTER, N. La desserte des campagnes. Genèse des réseaux de lecture ruraux. In: ANSROUL, A. (Org.). *Mémoire pour demain: mélanges en l'honneur de Albert Ronsin, Gérard Thirion, Guy Vaucel*. Laxou: Groupe Lorraine de l'Association des bibliothécaires français, 1995.

RICHTER, N. *La lecture et ses institutions – 1700-1918*. Bassac: Plein Chant, 1987.

RICHTER, N. *Les Bibliothèques populaires*. Paris: Cercle de la librairie, 1978.

RIOUX, J.-P.; SIRINELLI, J.-F. (Orgs.). *La culture de masse em France au XXe siècle*. Paris: Fayard, 2001.

ROUSSELIN, O. *Le jouet dans la presse française après la guerre de 1870, l'exemple de la revue scientifique "La Nature" (1873-1914)*. Dissertação (Mestrado em história) — UVSQ, 1999.

SAINTE-BEUVE, C.-A. De la littérature industrielle. *Revue des Deux-Mondes*, 1° set. 1839.

SAVART, C. *Les Catholiques em France au XIXe siècle. Le témoignage du livre religieux*. Paris: Beauchesne, 1985.

SAVY, N.; VIGNE, G. (Org.). *Le Siècle des dictionnaires. Catálogo do museu d'Orsay*. Paris: RMN, 1987.

SCHOPP, C. *Alexandre Dumas*. Paris: Mazarine, 1985.

SILVERMANN, W. *Gyp. La dernière des Mirabeau*. Paris: Éd. Du Seuil, 1998.

SOLARI,G. Littérature à un sou, à deux sous, à trois sous: permanences et transformations de l'impression populaire en Italie à la fin du XIXe siècle. In: JULIA, D. (Org.). *Culture et societé dans l'Europe moderne et contemporaine*. Florence: Annuaire du département Histoire et Civilisation de l'Institut universitaire européen de Florence, 1992. p. 59-88.

STERNHELL, Z. *Maurice Barrès et le nationalisme français*. Paris: Presses de la Fondation nationale des Sciences politiques, 1972.

STERNHELL, Z. *Ni droite, ni guache. L'idéologie fasciste en France*. Paris: Éd. Du Seuil, 1983.

TESNIÈRE, V. Le livre de science em France au XXe siècle. *Romantisme*, n. 80, p. 67-77, 1993.

TESNIÈRE, V. *Le Quadrige. L'édition universitaire en France (1860-1968)*. Paris: PUF, 2001.

THIESSE, A.-M. *Le Roman du quotidian*. Paris: Le Chemin vert, 1984.

TREMPÉ, R. *Les mineurs de Carmaux (1848-1914)*. Paris: Éd. Ouvrières, 1971. 2 v.

TUCOO-CHALA, S. *Charles-Joseph Panckoucke et la librairie française. 1736-1798*. Paris: Jean Touzot, 1977.

VAILLANT, A. (Org.). *Mesure(s) du livre*. Paris: Bibliothèque nationale, 1992.

VAREILLE, J.-C. Le roman, le manuel et le journal. In: SAINT-JACQUES, D. (Org.). *L'acte de lecture*. Quebec: Nuit blanche éd, 1994. p. 75-94.

VIALA, A. *Naissance de l'écrivain*. Paris: Éd. De Minuit, 1985.

VUAROQUEAUX, G.-A. *Édition populaire et stratégies éditoriales (1830-1890)*. Tese não defendida, s.d.

VUAROQUEAUX, G.-A. *L'édition populaire au milieu du XIXe siécle. L'exemple de la famille Bry*. Dissertação (Mestrado em História contemporânea) — Universidade Paris X — Nanterre, 1989.

WEBER, E. *La fin des terroirs*. Paris: Fayard, 1983.

WEILAND, I. *Les Éditions Fernand Nathan (1881-1919). Une entreprise au service de l'enfant*. Tese (Mestrado em História) — Paris X, Nanterre, 1991. 2 v.

WERDET, E. *De la librairie française*. Paris: Dentu, 1860.

WITKOWSKI, C. *Monographies des éditions populaires. Les publications illustrées à 20 centimes, les romans à 4 sous (1848-1870)*. Paris: Jean-Jacques Pauvert, 1980.

QUALQUER LIVRO DO NOSSO CATÁLOGO NÃO ENCONTRADO NAS LIVRARIAS PODE SER PEDIDO POR CARTA, FAX, TELEFONE OU PELA INTERNET.

Rua Aimorés, 981, 8º andar – Funcionários
Belo Horizonte-MG – CEP 30140-071

Tel: (31) 3222 6819
Fax: (31) 3224 6087
Televendas (gratuito): 0800 2831322

vendas@autenticaeditora.com.br
www.autenticaeditora.com.br

ESTE LIVRO FOI COMPOSTO COM TIPOGRAFIA BEMBO E IMPRESSO EM PAPEL OFF SET 75 G. NA FORMATO ARTES GRÁFICAS.
